챠트로 본
조직신학

박해경 교수 지음

아가페문화사

THEMATIC and BACKGROUND CHARTS
of the Systematic Theology

by
Hae Kyeung, Park

1996
Agape Culture Publishing Company
Seoul, KOREA

머리말

　신학은 다른 학문과 마찬가지로 전문화되고 다양화되었을 뿐 아니라 점점 새로운 분야들이 나타나고 있는 실정이다. 고대에는 사도 요한 같은 분을 신학자라고 불렀으나 이제는 하나님이 죽었다는 주장을 해도 신학자라고 하는 세상이 되었다.
　이 책은 신학의 제분야 중 조직 신학의 편람적 역할을 하도록 신학도를 위해 강의용으로 준비된 것이다. 자세한 연구서가 아니라 도표식으로 요해한 개요서이다. 한눈에 조직 신학 전체의 윤곽을 알고 제목별로 용이하게 내용을 파악하도록 시도하였다.
　이 책 한 권만 의지해서 교의학을 마스터하려고 해서는 안 된다. 본서는 주로 Berkhof의 Systematic Theology를 중심하고 기타 교리사, 신학사의 저서들과 다른 조직신학서들을 참고하여 약술된 것이다. 부분적으로는 다소 오해가 있을지도 모르나 설명을 줄여서 하다 보니 그렇게 된 것으로 양지하기 바란다. 또한 뒷부분으로 갈수록 신학 술어와 영문 인용이 자주 나오는 것은 학생들의 공부를 위해 의도적으로 한 것임을 말씀 드린다.
　필자는 칼빈의 신학적 입장을 채택하였고 개혁파의 견해를 우위에 놓고 각항목들을 논의하였는데 독자들은 기독교강요와 Berkhof, Charles Hodge, Buswell, Hoeksema, Warfield, Bavinck, Kuyper, Machen 등의 저술에서 보다 상세한 지식을 얻기 바란다.

1991. 1.

박 해 경

차 례

1. 서론(Introduction) ·· 11

   (1) 신학의 분류 ·· 11
   (2) 조직 신학의 명칭과 기능(임무) ···························· 12
   (3) 종교(Religion) ·· 15
   (4) 계시(Revelation) ·· 16
   (5) 성경(Scripture) ·· 20
   (6) 신학의 원리(Principle) ······································ 24
   (7) 신학 방법론(Methodology) ································· 25
   (8) 신학의 역사(교의학의 간추린 역사) ······················ 26

2. 신론(Theology) ·· 29

   (1) 신론 개요 ··· 29
   (2) 유신논증(신의 존재 증명) ··································· 30
   (3) 반유신논증(무신론) ··· 31
   (4) 유신론 도해 ·· 32
   (5) 신인식론 ·· 33
   (6) 하나님의 명칭(Names of God) ···························· 34

(7) 하나님의 속성(Attributes of God) ··············· 35
(8) 3위1체 하나님(Trinity) ··············· 38
(9) 신적 작정론(Divine Decrees) ··············· 41
(10) 예정론(Predestination) ··············· 43
(11) 창조론(Creation) ··············· 47
(12) 섭리론(Providence) ··············· 49

3. 인간론(Anthropology) ··············· 52

  (1) 인간관의 제유형 ··············· 52
  (2) 인간의 기원(Origin of Man) ··············· 53
  (3) 인간의 구성 요소 ··············· 54
  (4) 하나님의 형상(Imago Dei) ··············· 55
  (5) 행위 언약(계약) ··············· 56
  (6) 죄의 기원 ··············· 57
  (7) 죄의 종류 ··············· 58
  (8) 각종 죄관(罪觀) ··············· 60
  (9) Adam의 죄와 후손의 죄와의 관계(죄의 전가) ··············· 61
  (10) 은혜 언약 ··············· 63

4. 기독론(Christology) ·········· 67
   (1) 기독론의 3대 과제 ·········· 67
   (2) 인격론의 역사(기독론 확립의 역사) ·········· 67
   (3) 그리스도의 명칭 ·········· 68
   (4) 그리스도의 신성과 인성(Person and Natures) ·········· 69
   (5) 상태론(신분론 ; States) ·········· 71
   (6) 직무론(사역론 ; Offices) ·········· 74
   (7) 속죄론(Atonement) ·········· 80
   (8) 사도신조에 나타난 그리스도(우리 주 예수그리스도) ·········· 83
   (9) 그리스도의 현재적 역사 ·········· 84

5. 성령론(Pneumatology) ·········· 85
   (1) 성령론의 역사 ·········· 85
   (2) 성령의 명칭 ·········· 87
   (3) 성령의 신성도해 ·········· 89
   (4) 성령의 사역(Works) ·········· 90
   (5) 성령에 대한 표현들 ·········· 91
   (6) 성령과 그리스도와의 관계 ·········· 92

(7) 성령의 내주와 충만 …………………………………………… 93
   (8) 성령의 은사(Gifts) ……………………………………………… 94
   (9) 성령과 선교(Holy Spirit and Missions) …………………… 95

6. 구원론(Soteriology) ……………………………………………… 96

   (1) 구원론 개요 ……………………………………………………… 96
   (2) 일반 은총론 ……………………………………………………… 96
   (3) 구원의 차서(Ordo Salutis) …………………………………… 101
   (4) 칼빈주의 5대 교리(5Points of Calvinism) ……………… 102
   (5) 신비적 연합(Mystical Union) ……………………………… 103
   (6) 소명(Calling) …………………………………………………… 104
   (7) 중생(Regeneration) …………………………………………… 105
   (8) 회심(Conversion) ……………………………………………… 108
   (9) 신앙(Faith) ……………………………………………………… 110
   (10) 칭의(Justification) …………………………………………… 113
   (11) 양자(입양 ; Adoption) ……………………………………… 116
   (12) 성화(Sanctification) ………………………………………… 118
   (13) 견인(Perseverance) …………………………………………… 127

7. 교회론(Ecclesiology) ·· 129

   (1) 교회론 개요 ··· 129
   (2) 교회의 명칭과 의미 ···································· 130
   (3) 교회론의 역사 ·· 133
   (4) 교회의 구분, 속성, 표지 ······························ 136
   (5) 교회의 기능과 권세 ···································· 141
   (6) 교회 직제와 정치(Government) ····················· 142
   (7) 칼빈의 교회관 ·· 145
   (8) 웨스트민스터 신조의 교회관 ························· 147
   (9) 은혜의 수단(Means of Grace) ······················ 149
   (10) 은혜의 수단에 대한 제견해 ························· 150
   (11) 말씀과 성령의 관계 ·································· 151
   (12) 기도(Prayer) ··· 152
   (13) 세례(성례 개관과 세례론) ·························· 153
   (14) 성만찬(Lord's Supper) ····························· 156

8. 천사론(Angelology) ·· 159

   □사단론(Satanology) · 162 / 귀신론(Demonology) · 166

9. 종말론(Eschatology) ·· 170

   (1) 종말론 개요 ··· 170
   (2) 종말론의 역사 ·· 171
   (3) 현대 신학의 종말론 ··· 172
   (4) 육체적 죽음(Physical Death) ································· 173
   (5) 영혼 불멸(Immortality) ·· 176
   (6) 중간 상태(Intermediate State) ······························ 178
   (7) 재림(Second Advent of Christ) ···························· 181
   (8) 천년왕국(Millennium) ··· 182
   (9) 부활(Resurrection) ·· 184
   (10) 최후의 심판(Last Judgment) ······························· 185
   (11) 천국(Heaven) ·· 186
   (12) 지옥(Hell) ·· 187
   (13) 주의해야 할 종말론적 용어들 ································ 188

   〈부록1〉 신학자 계보 ··· 189
   〈부록2〉 신학의 줄기 ··· 190
   〈부록3〉 중요한 신학 술어 ·· 191

1. 서론(Introduction)
(1) 신학의 분류

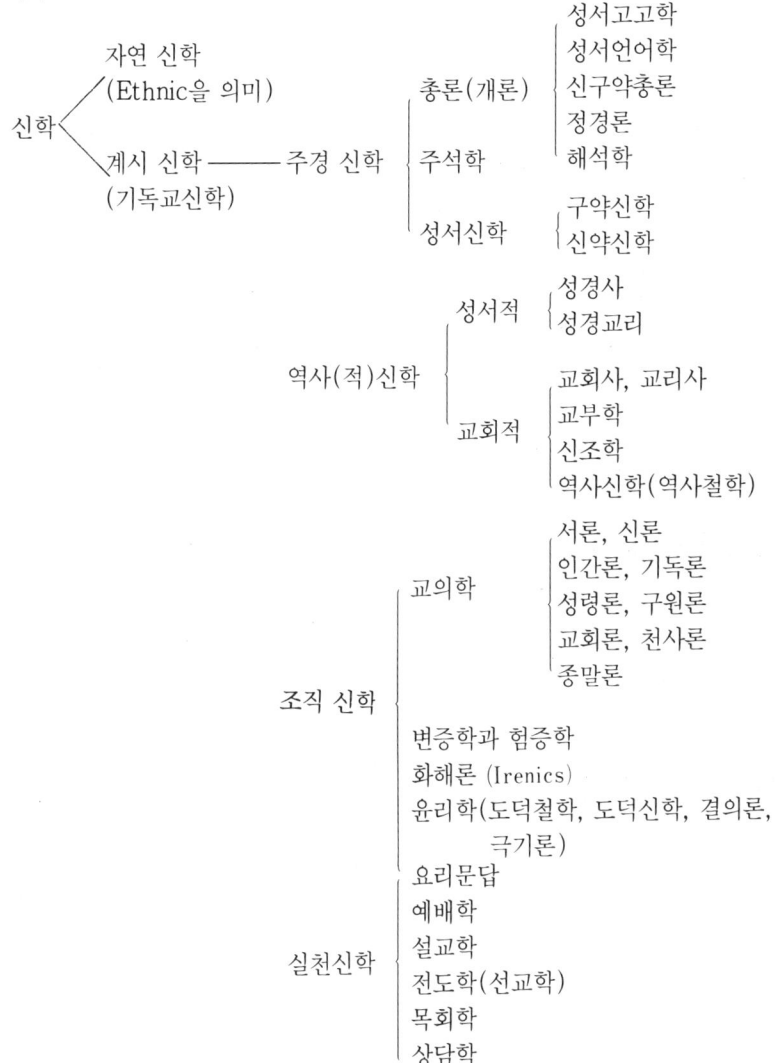

* 선교학은 유기적으로 전문야에 관련된다. 보통 선교학은 선교과학, 선교신학, 선교역사, 엘렝틱스 등으로 구분한다(J. H. Bavinck).

(2) 조직 신학의 명칭과 기능(임무)
A. 조직 신학의 명칭

명 칭	해 설
조직 신학 (Systematic Theology)	가장 일반적을 사용되는 명칭이다. Berkhof, C.Hodge, Strong, Buswell 등이 책명으로 썼다.
신학 체계 (System of Theology)	이 말은 조직신학이 기독교 교리의 뼈대를 갖추는 중요한 분야라는 의미에서 쓰는 것이다. Van Til은 변증학에서 이 말을 사용했다.(System of Truth)
교의 신학 (Dogmatic Theology)	보다 더 교조주의적 분위기를 가지나 내용은 같다. Shedd는 이 용어를 채택하였고 박형용 박사의 저서도 이 말을 사용했다.
교의학, 교리학 (Dogmatics)	Dogmatics도 매우 흔하게 애용되는 명칭이다. Bavinck, Hoeksema, Heppe, Barth, Brunner 등이 책명에 썼다.
기독교 신학 (Christian Theology)	M. Erickson이나 Bancroft, Wiley 등의 조직신학 책명에 사용된다. 원래 이 말은 전체 기독교 신학을 의미하는 말이다.
신학, 신론 (Theology)	(Theology=theos+logos) 신학이라는 말은 좁은 의미에서는 신론이며 특히 Theology Proper를 의미할 수 있다.

* Dogmatic Theology는 Systematic Theology와 함께 사용되지만 좁은 의미에서는 가톨릭신학이나 프로테스탄트신학, 또는 칼빈주의, 알미니안주의 등의 신조적, 교파적 신학을 의미할 수도 있다.

B. 조직 신학의 기능(다른 분야와의 비교)

분 야	기 능
조직 신학 Systematic Theology	조직신학의 기능은 기독교 진리를 체계적으로 해명하고 변증하며, 보다 성경적으로 수립해 나가는 데 있다. Berkhof는 교회의 신앙 고백적 진리들을 취급할 것을 강조하며 건설적, 변호적, 비평적 임무가 있다고 말한다. 조직신학은 성경의 전체 교훈을 충분하게, 그러나 논리적으로 설명하는 기능이 있다.
성서 신학 Biblical Theology	성경(신구약)의 각 시대별, 또는 저자별 연구이며, 주로 역사적 연구를 한다. 조직신학은 주제(Theme) 연구이나 성서 신학은 성경의 유기적 연관성과 배경, 언어 연구와 저자의 의도를 찾는 데 주력한다.
역사(적) 신학 Historical Theology	이 용어는 주의해야 한다. History of Theology는 신학 사상사이고 Theology of History는 역사신학(역사의 의미 추구)이며, Historical Theology는 신학의 분과로서의 한 명칭이다. 그러므로 역사(적)신학은 교회사학이나 기독교의 역사적 탐구로 봐야 한다.
실천 신학 Practical Theology	목회 현장에서 필요로 하는 실천적인 분야의 신학들, 예컨대 목회학이나 예배학 따위를 연구하며 어떤 의미에서는 가장 어려운 신학 분야라고 해야 한다.
선교 신학 Theology of Missions	선교과학(Science of Missions)과 달리 선교의 성서적 근거와 원리를 해명한다. 올바른 선교론은 복음적 선교신학의 토대 위에 수립된다.

C. 조직 신학의 기능(임무)에 대한 제견해

신 학 자	조직 신학의 임무
슐라이엘마하 Schleiermacher	교회가 경험하는 감정의 지적 표현과 해석, 절대 의존의 감정을 학문적으로 표명하는 것이다.
리 츌 Ritschl	기독교 신앙을 학문적으로 해명, 그러나 주관주의이다. 그는 도덕주의적 경향이 강하다.
트뢸치 Troeltsch	기독교의 우월성 확립과 참된 의미 발견, 교리 형성, 역사의 상대주의로 기독교를 하락시킨다.
쇄 더 Schaeder	슐라이엘마하와 같으나 보다 신 중심적 신학을 강조, 하나님 중심으로 시도하나 여전히 주관주의이다.
바 르 트 Barth	하나님에 관한 교회의 언어를 조사하며, 그것이 신적 계시와 일치하는가 확증하고, 교의들의 상호 관계를 해석.
하 지 C.Hodge	절대적으로 타당한 진리를 학문적 형식으로 표현하며, 기독교 교리 전부를 포괄하는 작업.
바 빙 크 H. Bavinck	하나님에 대한 지식을 정확하게 계시에 의존하여 지적으로 재생하는 것.
카 이 퍼 Kuyper	하나님의 지식에 대하여 계시를 통해 명석한 통찰로 연구하나 신학 각 분야의 유기적 총체를 고려한다.
벌 코 프 Berkhof	신앙 고백에 구현된 교의들을 성경에 의거하여 전체적으로 조직하며 증명하고, 비평 보충한다.

(3) 종 교(Religion)

종교와 인간	인간은 숙명적으로 종교적 존재이다(보편적 현상).	
종교의 어의	宗 敎	인생과 우주의 근본을 가르치는 것
	religion	relegere→반복하다 / religare→속박하다
종교의 본질	구 약	주께의 경외(敬畏)
	신 약	신뢰와 신앙
	종 합	인간이 하나님에 대하여 가지는 관계를 표시하며, 전체적·전인적 요소에서 파악한다.
종교의 자리에 관한 제견해	지 성	막스 뮐러(M. Müller)
	도덕심	칸트, 아놀드(M. Arnold)
	감 정	슐라이엘마하(Schleiermacher)
	경배심	멘지스(A. Menzies)
	이기심	레빌(A. Réville)
	사회성	에임스(E. S. Ames)
	성 경 ⇨	하나님의 형상을 전제한 인간의 마음
종교의 기원에 관한 제견해	조작설	정치가와 승려들이 대중을 지배하기 위해 창조함
	서물숭배	돌, 나뭇가지, 뼈, 발톱 등의 예배에서 비롯함
	물활론 (정령숭배)	죽은 선조나 각종 피조물에 영이 있다고 보고 경배한 것에서 기원함.
	자연숭배	대자연의 경이에서 종교가 유래함
	마술신앙	마술에 대한 일반적 신앙에서 발전함
	성 경 ⇨	특별 계시를 주신 하나님과 종교성을 지닌 인간 본성

* 하나님과 인간 사이의 계약은 참종교 성립의 기초가 된다(Westminster 신조 제7장).

(4) 계 시(Revelation)
A. 계시론 개요

계시의 뜻	베일을 벗김(unveiling) / 드러내는 것(revelatio)	
계시와 종교	모든 종교는 어떤 종류이건 계시에 기초한다.	
계시의 종류	계시의 양식으로 본 구별	자연 계시와 초자연 계시
	계시의 성격과 대상에 따른 구별	일반 계시와 특별 계시
주의 사항	계시는 그 기원에 있어서는 모두가 초자연적인 것이다.	
계시관의 변천	초기 시대	종족들의 전설이나 자연 현상 또는 자연 계시를 절대적인 계시로 받아들였다. 신들의 징조로 보았다.
	헬라 철학 시대	사람이 점차로 '신들을 발견했다는 개념을 취하였다. 신지식은 사색에 의해 얻어진다고 보았다. 자연의 연구는 종교적 지식과 연관되었다.
	17세기 후반까지의 기독교 시대	자연 계시와 특별 계시의 구분이 생김. 그러나 정확한 경계선이 그어지지 못했다.
	17세기 후반에서 18세기	자연 계시를 강조하는 경향이 뚜렷했다.
	19세기 초 이후 시대	두 가지 계시를 각기 다른 통로로 보지 않고 유일한 통로에 대한 두 가지 인식으로만 생각한다.
현대 신학과 계시 개념	자연신론 (이신론)	일반 계시를 인정하나 초자연적 특별 계시의 필요성, 가능성, 실재성을 부인한다.
	관념론	특별 계시를 부정하며 범신론적 경향에 빠져 자연과 초자연의 구별이 없어진다.
	위기신학 (신정통주의)	특별 계시를 인정하나 성경을 계시 자체로 보기는 주저한다. 성경은 하나님 말씀이 될 수는 있어도 항상 그렇지는 않다.

B. 일반 계시(General Revelation)

일반 계시의 정의	하나님의 창조에 근거된다. 인간의 마음의 구조와 자연 현상과 섭리적 통치 과정에서 전달되는 계시	
일반 계시에 대한 제견해	무신론자	모든 계시를 부정한다.
	불가지론자	하나님과 계시의 존재를 알 수 없다고 한다.
	범신론자	인격신이 없으므로 계시가 성립되지 않는다.
	자연신론자 (이신론자)	일반 계시만 인정하고 특별 계시는 부인한다.
	칼 빈	자연적 본능에 신적인 감각(종교의 씨앗)이 있고, 세계의 섭리 속에 일반 계시가 있다.
	벨 직 신앙 고백	우주의 창조, 보존, 통치가 하나의 고상한 책으로서 계시이며, 하나님의 형상대로 창조된 인간이 타락 후에도 잔존하는 은사가 일반 계시에 대한 증거라고 본다.
	자유주의 신 학	일반 계시를 지나치게 주장한다. 개인의 종교 경험과 성경의 초자연적 특성도 모두 자연 계시의 차원으로 이해된다.
	신정통주의 (바르트)	일반 계시의 부정, 계시는 오직 특별 계시만이 인정되고 접촉점은 없다.
	부 르 너	자연 계시를 믿는다. 하나님의 형상이 아직은 남아 있으므로 접촉점이 있다.
일반 계시의 가치	이방 세계와 관련하여	종교성, 이방 종교의 근거 제공, 하나님을 탐구케 하며, 본성으로 율법의 일을 수행하며, 성령의 일반 역사에 참여케 한다.
	기독교와 관련하여	특별 계시가 유효하게 영향 미치는 기초가 된다. 양 계시가 병합되어 유리한 견지를 기독교 신학에 제공하며 비기독자와 변론할 기초도 제공한다.
일반 계시의 불충분성	죄 때문에	인간이 자연 계시를 잘 읽지 못한다.
	전달에서	하나님과 영적 사물에 대한 확실함을 주지 못한다.
	종교의 기초로	순수한 자연 종교가 없다는 것이 일반 계시의 불충분성이다.
	기독교적 관점에서	구원에 관하여 전혀 아는 바가 없다.

C. 특별 계시(Special Revelation)

특별 계시의 정의	하나님과 영적 진리에 대해 분명히 전달해 주는 계시	
특별 계시의 종류	예수그리스도 / 신구약 성경 / 구속사의 사건들	
특별 계시 로서의 성경	가장 중요한 특별 계시인 성경은 신학의 외적 원리이며 무오한 원천이자 신앙과 생활의 기준이다.	
특별 계시의 필요성	일반 계시에서 수집한 진리들을 정정하며 해석한다.	
	자연에 나타난 하나님의 솜씨를 잘 읽도록 계명한다.	
	하나님의 구속 계시를 인간에게 마련해 준다.	
	죄에서 인간을 구원하며, 하나님과 교제케 해준다.	
특별 계시의 방편들	신 현	그룹 사이에서, 불과 연기와 구름, 폭풍, 미풍, 주의 사자로서
	직접적 전 달	음성이나 꿈, 환상, 때로는 제비, 우림과 둠밈, 그리고 아들로서 나타내셨다.
	이 적	하나님의 특별 간섭적 사건, 성육신은 그 절정이다.
특별 계시의 내용	구속의 계시이다.	
	말씀 계시와 사건(사실) 계시이다.	
	역사적 계시이다.	
특별 계시의 목적	최종적 목적	하나님의 영광과 그의 덕성들의 현현을 즐거워 하심.
	부수적 목적	죄인들을 구원하여 하나님의 덕성을 반영케 하심.
특별 계시와 성경과의 관계	교부 시대	성경을 신적 계시와 동일시하였다.
	중세 시대	구술적(oral) 계시를 덧붙여 성경의 권위를 손상시켰다.
	종교 개혁 시대	성경을 영감된 하나님의 말씀(계시)으로 믿었다.
	현대 신학	인간의 작품이라는 수준으로 끌어내렸다.
	개혁파	종교 개혁의 전통을 받아 동일하게 보았다.

D. 계시와 하나님 인식의 관계

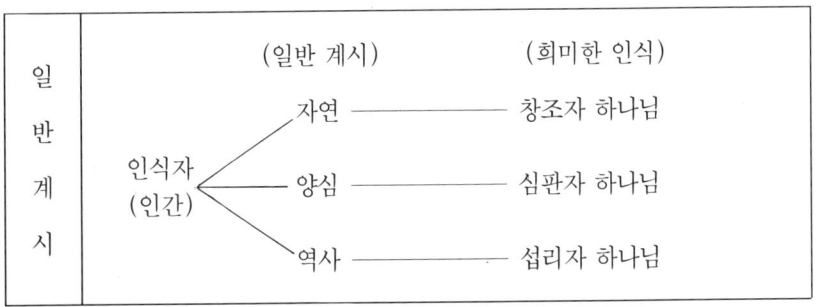

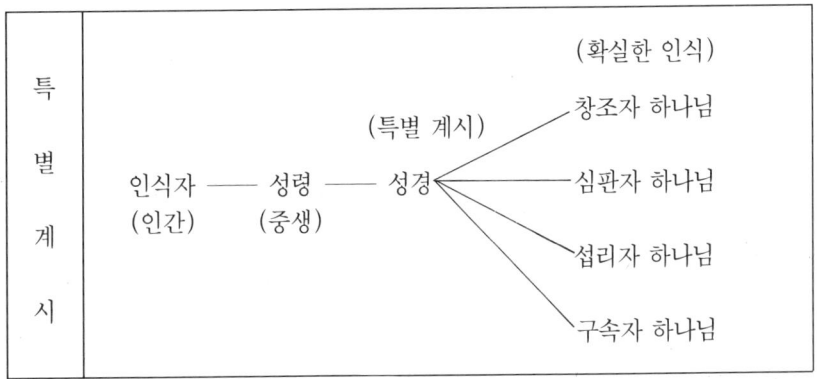

E. 이성과 계시의 문제(Reason and Revelation)

스콜라신학(초기)	계시보다 이성의 우위를 주장하였다.
토마스 아퀴나스	이성과 계시는 함께 신인식에 이르는 길이다.
윌리암 옥캄	이성으로서는 신인식을 할 수 없고 계시만이다.
루 터	옥캄의 유명론을 받아들이고 이성의 부패를 인정
개 혁 파	계시만이 신인식의 참된 근거이며 원천임을 인정하며, 이성을 신인식의 보조 수단으로, 하나의 통로로 볼 뿐 인식 원리의 우선권을 주지 않는다.

(5) 성 경(Scripture)
A. 개 요

단어의 의미	성서 (Bible)	ⓗ biblion에서 유래 : 책, 두루마리 재료가 파피루스였으므로 전의되어 자(rule) 즉 척도(기준)라는 의미도 갖는다.
	성경 (Scripture)	ⓗ graphe에서 유래 : 글(writing)이란 뜻이다. 일부 개혁파 신학자들은 이 성경이란 용어를 고집한다(한국).
	용어의 사용에 대하여	두 가지 용어는 구별 없이 쓰이고 있다. 그러므로 성경이란 말을 써야만 한다는 주장은 설득력이 약하다(예 : 일본역→성서).
성경론의 제분야	정 경 론	왜 66권만이 공인된 하나님의 말씀인가를 연구한다.
	영 감 론	성령의 감동으로 기록되었다는 내용들과 관계된 연구
	계 시 론	특별 계시로서의 성경이 가지는 문제들에 대한 연구
	비 평 학	사본학상의 제문제와 문학적, 과학적, 비평적 연구
	해 석 학	성경의 어휘와 문맥, 배경, 저자의 의도 등을 연구
조직신학이 관심을 가지는 성경론의 분야		조직신학에서는 무엇보다도 계시론과 영감론에 대하여 관심을 가진다. 특히 영감론이 확정되어야 성경의 무오류성이 인정되기 때문이다.
특별 계시와 성서가 다른 점		성경은 문서 형식과 인간적 경험 및 역사적 연구들에 의해 수집된 내용을 포함하므로 하나님의 직접적 자기 전달이란 특수한 의미에서 특별 계시와 구별된다.
특별 계시와 성서가 동일한 점		성경은 전체가 성령으로 무오하게 영감되었다는 사실과 그 속에서 발견되는 구속적 진리와 사실 자체로 말미암아 전 성서만이 우리에게는 하나님의 특별 계시라고 할 수 있다.

B. 영 감(Inspiration)

영감의 필요성	하나님의 계시를 보존하기 위해 영감이 필요하다. 영감은 특별 계시인 성경의 정확성을 보증해 주는 것이다.	
영감의 정의	영감이란 성경 저자들이 그 원본을 기록할 때 저들의 인품과 문체로써 저술하였으되 성령께서 보호 인도하심으로 성경이 오류 없이 권위 있고 진실한 기록이 되게 하셨다는 것이다.	
영감론에 대한 주의사항 (5가지 요소)	영감의 신적 요소 : 성령 하나님이 기록의 정확성을 보증한다.	
	인간적 요소 : 저자들은 자기들의 문체와 성격대로 기록했다.	
	신적-인간적 요소의 결과 : 오류 없는 하나님의 진리를 표현한다.	
	영감의 범위 : 성경 저자들의 단어에까지 미친다.	
	영감의 적용 : 성경 원본이 영감되었다는 의미이다.	
그릇된 영감설	자연영감설	종교적 통찰력을 가진 인간이 셰익스피어나 기타 문학가와 같은 보다 월등한 능력으로 기록했다.
	영적조명설	슐라이엘마하나 콜레리지(Coleridge) 같은 이는 성서 저자들이 다른 신자보다 영적으로 탁월했을 뿐이라고 하며 기록보다 기록자의 영감성을 말한다.
	동력적 또는 부분 영감설	성서 전체에 동일한 정도로 영감되지 않았다는 입장이다. 역사서는 영감성이 떨어진다. 구원의 메시지는 보존되었다 해도 다른 부분에서는 오류가 인정된다(A.H.Strong).
	개념영감설	이 학설은 성서의 각 단어는 영감되지 않았고 오직 개념들이나 관념들에만 영감되었다고 한다.
	받아쓰기 또는 기계적 영감설	성서 저자들이 하나님께서 불러 주시는 대로 받아 썼다는 주장이다. 그들은 필기자에 지나지 않는다.
	신정통주의	성경이 진순한 의미에서 하나님의 말씀과 동일한 것이 아니다. 성경은 하나님의 말씀의 본체가 아니라 하나님 말씀에 대한 증언이다. 성경은 독자가 주관적 경험 세계에서 그리스도를 만남으로써 비로소 말씀이 될 수는 있다. 그러므로 신정통주의자들은 성경이 항상 객관적이고 권위적으로 하나님의 말씀인 것을 부인한다. 결국은 성경의 진정한 영감을 거부하는 결과를 낳는다. 성경은 하나님의 말씀이 될 수는 있어도 항상 그렇지는 않다.

	성서 영감에 대한 바른 견해	
명 칭	- 유기적 영감설 - 혹자는 동력적 영감설이라고 부르기도 한다. 예를 들어 장로교 신학자들은 "유기적"(Organic)이란 용어를 즐겨 쓰지만 웨슬레안 신학자들 중에는 "동력적"(Dynamic)이란 용어를 사용하기도 한다. 특히 개혁파 신학도들은 주의해야 된다.	
유기적 영감의 내용	하나님께서 저자를 기계적으로 사용하지 않고, 그들의 성품과 기질, 은사와 재능, 교육과 교양, 용어, 어법, 문체 등을 다 사용하시되 성령으로 조명하셨으며, 격려하여 저술케 하셨고, 죄의 영향을 억제하시며, 그들의 언어를 선택하고 그들의 사상을 표현하게 하셨으며 오류가 없게 인도하셨다.	
예수 그리스 도께서 보신 성서 영감 (예수님의 성경관)	구약 전체를 영감된 책으로 인정하셨다. 마 5:17-18, 눅 24:44	
	성경 각 부분들이 영감되었음을 인정하셨다.	
	단어들이 영감되었음을 인용, 또는 인정하셨다.	
	각 문자와 점까지도 영감에 포함하셨다(일점 일획).	
	신약 성경의 영감도 보증하셨다. 요 14:26, 16:12-15	
바울 사도의 성경관	신구약 성경의 영감을 증거했다.	
	단어들의 영감을 말했다.	
	전 성경은 하나님의 입김으로 된 것이라고 표현했다.	
영감의 범위	주의 : 사상만 영감되었다거나 부분적으로만 영감되었다는 주장은 잘못이다.	
	전체 영감	성경은 신구약 전체 즉 율법서, 역사서, 예언서, 성문서, 복음서, 서신까지 모두 다 영감되었다.
	완전 영감	성경은 어떤 부분은 신적이고 어떤 부분은 인간적인 게 아니다. 성경은 한편으로 인간의 저작으로 또 한편으로는 하나님의 작품으로 그 완전성을 유지한다.
	축자 영감	성경은 축자적으로 영감되었다. 원본의 각 단어와 문자들은 성경 저자들의 성격과 특징들을 나타내면서도 동시에 오류 없는 하나님의 성령의 감동으로 영감되었다.

C. 성경의 완전성(Perfections of Scripture)

신적 권위	로마교회	성경은 신적 권위를 갖는다. 그것은 교회에 의해 주어진다.
	개혁자들	성경은 신적 권위를 그 자체의 권위로서 가지고 있다. 성령의 영감으로 고유한 권위를 가지며, 역사적, 규범적 권위도 지니고 있다.
필요성	로마교회 신비주의	성경의 중요성은 인정하나 절대적 필요성은 부인한다.
	개혁자들	성경은 세상 끝날까지 반드시 필요하다. 기록된 구속사적 사실들은 모든 세대에 필요하기 때문이다.
명료성	로마교회	성경은 흐려지고 손상되어 교회가 무오하게 해석해 주어야 한다.
	개혁자들	성경은 구원의 진리를 명백하게 전달해 주고 있다. 그러므로 사제나 교회에 의존할 필요가 없다.
충족성	로마교회 재세례파	구전이나 내적 광명이 있어야 부족한 성경 계시를 보충할 수 있다.
	개혁자들	기록된 성경 말씀은 유일한 권위와 함께 개인과 교회의 영적, 도덕적 욕구에 충족한다.

* 성경의 완전성은 무오류성(Inerrancy)과 함께 고려되어야 한다. 과거에는 성서가 영감되었다는 것으로도 충분하였으나 오늘날에 와서는 그 의미가 분명하게 무엇인지를 상세히 해명할 필요가 있게 되었다. 그러므로 성경이 신적 권위를 가진다는 점에 대해서 구체적으로 어떻게 완전한 것인가 설명해야 하는 것이다. 그런 문제도 성경의 무오류성으로 답변할 수 있다. 성서는 스타일이나 동일 사건에 대해 다양하게 보도하지만 하나님의 계시로서는 정확한 것이다. 교리와 창조기사, 역사, 지리, 모든 사건에 있어서 오류가 없다. 그러므로 성서의 영감은 축자적(축어적), 완전(만전), 무오, 무류, 무한의 영감이다(Charles Ryrie).

(6) 신학의 원리(Principle)

신학의 원리적 개념 (개혁파 신학)	성경 ＼ 　　　＼원천―[신 학]―원리 신조 ／ 방법(위), 적용(아래) 외적 원리, 내적 원리	
자유주의 신학의 원리	개혁파 신학은 신학의 원천과 의뢰하는 두 기둥으로 성경과 신조를 말한다. 그러나 모든 주관주의 자유신학은 인간의 이성과 현실(상황)을 신학의 원리로 또는 원천으로 삼는다.	
신학의 외적 (객관적) 원리	로마교회	교회
	자유주의	시대와 상황(Context)
	개혁파	성경(특별 계시)
신학의 내적 (주관적) 원리	스콜라 신학	인간적 지성(오성)
	헤겔	사색적 이성
	슐라이엘마하 (프랑크)	종교적 직관(중생)
	리츨 (칸트)	도덕적 의식
	개혁파	계시 의존적, 성령 의존적 신앙

(7) 신학 방법론(Methodology)

의한 방법	신학의 근거에	성 경	개혁파 신학자들, 복음주의적 견해
		교회의 가르침	로마 가톨릭 교회의 입장
		기독자의 의식	슐라이엘마하와 리츌 등
것에 따른 방법	신학 자료를 다루는	사색적 방법	대부분의 스콜라 신학자, 자유주의자
		경험적 방법	슐라이엘마하/리츌/에를랑겐학파
		발생적-종합적 방법 (신학적 방법)	올바른 신학 방법론이다. (주석적-종합적 방법)
따른 방법	신학 자료의 분류에	삼위 일체적 방법	칼빈/쯔빙글리
		분석적 방법	칼릭스투스/루터파의 일부 신학자
		계약론적 방법	칵세이유스/비트링가/토른웰
		기독론적 방법	토마시우스/풀러/게르하르트
		왕국 개념적 방법	리츌/카프탄/헤르만
		종합적 방법	벌코프/버스웰/하지 등

(8) 신학의 역사 (교의학의 간추린 역사)

고대 공교회 시대	오리겐의 「제1원리」 περὶ ἄρχων (De Principiis)	약 218년. 최초의 체계적 신학 저술이다. 신앙을 지식의 수준으로 올리고자 하였다. 그러나 불충분한 내용이다.(예→영혼선재설)
	어거스틴의 「신학지침」 Enchiridion Ad Laurentium	신자의 3가지 덕목인 신, 망, 애를 가지고 저술하여 신앙, 기도, 도덕 문제를 순서대로 다루었다. 이것은 신학사에 사상적으로 기여했다.
	다메섹 요한의 「정통신앙정해」 Ekdosis Akribes Tes Orthodoxou Pisteos	동방 교회의 조직적 신학 해설이다. 내용은 보수적이며 구조는 4부로 되어 있다. 그 당시로서는 정연한 작품으로 우수하다.
중세 시대	안셀름의 저서들 Monologium, Proslogium Cur Deus Homo?	교리적 가치를 지닌 저술들을 많이 남긴 안셀름은 특히 속죄론과 신의 존재론적 논증으로 유명하다.
	피터 롬바르드의 「명제집」 Sententiarum	4권으로 된 매우 중요한 조직신학이다. 스콜라 시대의 교과서로 사용되었다.
	알렉산더의 「신학대전」 Summa theologiae	헤일스(Hales)의 알렉산더는 신학대전을 써서 변증법적이고 추론적인 신학 체계를 세웠다.
	토마스 아퀴나스의 「신학대전」 Summa Totius Theologiae	가장 대표적인 스콜라 신학자이다. 그의 교의학 저서인 신학대전(3권)은 형식상 아리스토텔레스의 철학에 지배되며 신학의 많은 분야를 취급했다.
종교 개혁 시대	멜랑톤의 「통의」 Loci Communes	이 책은 최초의 개신교 교의학이다. 순서는 로마서를 따르고 있다. 그는 루터의 사상과 같이 출발했으나 후에는 윤리적 경향에 빠졌고 에라스무스에 영향 받았으며 중도 입장이었다.
	쯔빙글리의 「참종교와 거짓종교에 관한 논평」 De Vera et Falsa Religione	개혁파 교의학으로서 강경한 본서는 완벽하지는 못하지만 하나님의 주권과 예정 교리를 강조하고 있다. 그러나 칼빈만큼 치밀하지 못했다.
	칼빈의 「기독교 강요」 Institutio Christianae Religionis	사도신경의 순서를 따르고 있는 기독교 강요는 개혁 시대의 대표적인 조직 신학서이다. 지금까지도 널리 애독되며 신학 교재로 사용되고 있다. 장로교의 교과서라고 볼 수 있다.

1. 서론(Introduction)   27

개신교 스콜라주의 시대 (신조주의 시대)	루터파	보다 강력한 입장을 보이는 아우구스부르그 신조나 후테루스(Hutterus), 게르하르도(Gerhardo) 등의 신학과 약간 온건한 칼릭스투스(Calixtus) 등
	개혁파	칼빈의 후계자인 베자(Beza)는 보다 스콜라적이었고 전택설을 취했다. 트위시(Twisse)가 그것을 이었으며 투레틴(Turretin)의 「논박 신학 강요」가 큰 영향을 주었다. 그러나 칵세이유스(Coccejus)와 보에티우스(Voetius)를 거치면서 수정이 되고 마침내 알미니안파와 쏘우물(Saumur)학파 같은 변화가 왔다.
	로마가톨릭	반 펠라기안 주의적인 벨라민(Bellarmin)의 「기독교 신앙의 논쟁에 관한 변론」이 유명한데 능숙한 논쟁적 저술이다. 얀센이즘도 이때 나타났다.
초자연주의 시대 합리주의와	경건주의	17세기의 교조주의에 반발하여 경건주의가 발생했다. 스페너, 프랑케, 랑게 등이 대표자이다. 이들은 개신교 신학의 스콜라적 형식주의에서 성서적 단순성에 돌아가려고 시도하였다.
	합리주의	경건주의는 곧 합리주의의 길을 터 놓았다. 그리하여 바움가르텐, 모스하임, 제믈러 등이 나타났고, 영국에서도 이신론(Deism)의 형식으로 나타났다.
	초자연주의	합리주의에 대한 정통주의의 반발은 초자연주의의 약한 형식으로 나타났다. 그러나 이성과 계시의 타협으로 결국 정통이 되지 못했다. 되딜라인, 크나프, 스토르 등이 대표자이다.
근대 신학 시대	슐라이엘마하	근대 신학의 아버지이다. 그는 교의를 의식이나 감정의 주관적 상태로 보고 결국 주관주의 교의학을 낳았다. 그는 구자유주의의 시조이다.
	사색파	헤겔의 영향하에 신학은 철학화되고 사색적이 되었다. 헤겔의 영향은 스트라우스와 비델만에 와서 강경하게 나타나고 있다.
	신루터파	성경의 기초 위에서 옛 신조의 진리 회복에 관심을 둔 토마시우스, 카니스, 프랑크, 필립피 등이 대표자이다. 순수한 루터주의가 아니다.
	중도파	슐라이엘마하에서 출발하나 헤겔주의적 사색을 하는 중재적 신학자들이 있으니 도르너, 밀러, 마르텐센 등이 있다.
	리츌파	유니테리안적이며, 사색적이며, 도덕주의적 경향이 있다. 헤르만은 충실한 추종자이며 그 외에 카프탄과 헤링이 약간 수정된 입장이다.

현대신학의 주요한 조직신학자들	자유신학	신정통주의 계열	바르트	「교회교의학」 Church Dogmatics(14권)
			부르너	「교의학」 Dogmatics(3권) ; 「계시와 이성」 Revelation and Reason ; 「인간론」 Man in Revolt
			틸리히	「조직신학」 Systematic Theology(3권)
			고가르텐	「비신화화와 역사」 Demythologizing and History ; 「그리스도와 위기」 Christ and Crisis
			니그렌	「아가페와 에로스」 Agape and Eros ; 「그리스도와 교회」 Christ and His Church
			아울렌	「기독교회의 신앙」 The Faith of the Christian Church ; 「종교 개혁과 가톨릭」 Reformation and Catholicity
			틸리케	「복음적 신앙」 Evangelical Faith
	개혁파신학	화란계	바빙크	「개혁교의학」 Gereformeerde Dogmatiek(그 축소판 Our Reasonable Faith)
			카이퍼	「신학의 원리」 Principles of Sacred Theology 「칼빈주의」 Lectures on Calvinism
			*훅세마	「개혁교의학」 Reformed Dogmatics
			*벌코프	「조직신학」 Systematic Theology 「기독교 교리사」 The History of Christian Doctrines
		미국계	챨스하지	「조직신학」 Systematic Theology(3권)
			워필드	「칼빈과 어거스틴」 Calvin and Augustine ; 「성서의 영감과 권위」 The Inspiration and Authority of the Bible
			버스웰	「기독교 조직신학」 A Systematic Theology of the Christian Religion
			메이첸	「기독교와 자유주의」 Christianity and Liberalism ; 「신앙이란 무엇인가?」 What is Faith?
			*밴 틸	「변증학」 Apologetics ; 「신앙의 변호」 The Defense of the Faith ; 「기독교와 바르트주의」 Christianity and Barthianism
		한국	박형룡	교의신학(7권)

* 벌코프(Berkhof)와 밴틸(Van Til)은 화란계인데 미국에서 활동했다. 훅세마도 마찬가지이다. 메이첸(Machen)은 신약신학자이나 변증학과 교의학에 관계된 저술을 하였고 개혁파의 유능한 변호자였다.

2. 신론(Theology)
(1) 신론 개요

하 나 님 의 존 재 론	하나님은 어떤 분이신가와 하나님의 존재에 관하여 논의한다.	신 론 Theology Proper	유신 논증
			반유신 논증
			유신론의 종류 도해
			신인식론
			하나님의 명칭
			하나님의 존재(본질)
			하나님의 속성
			3위1체
하 나 님 의 사 역 론	하나님께서 하시는 일들을 체계적으로 취급한다.	영원전에 관계된 사역들	「신적 작정」 Divine Decrees
			「예 정」 Predestination
		시간과 피조세계에 관계된 사역들	「창 조」 Creation
			「섭 리」 Providence

(2) 유신논증(신의 존재 증명)

인간의 본성에 근거한 논증	존재론적 (본체론적) 논증 Ontological Argument	안셀름의 Proslogion이 가장 유명하다. 요점은 "하나님이 그 이상의 위대한 분을 상상할 수 없는 실재"라고 할 때 반드시 존재해야 한다는 것이다. 이 논증은 생각(관념) 속에도 있고 실제로도 있는 존재가 생각 속에만 있는 존재보다 크기 때문에 가장 큰 존재는(신) 존재하지 않으면 안 된다는 가정에 근거하고 있다. 이 외에도 일반 이성에서 절대 이성을 논증하는 것과 신의 완전성 속에는 존재라는 속성도 있다는 논증이 있다.
	도덕적 논증 Moral Argument	칸트는 하나님의 존재가 논리적으로는 증명되지 않는다고 주장했다. 오직 그 존재는 도덕적으로만 요청된다고 보았다. 또한 하나님의 존재가 전제되어야만 도덕이 성립된다고 생각했다. 영혼 불멸과 자유, 그리고 하나님의 존재는 윤리의 구성 요소이다. 따라서 신은 실천 이성의 요구로서만 논증된다.
우주의 원인과 목적에 근거한 논증	우주론적 논증 Cosmological Argument	토마스 아퀴나스는 신의 존재를 사물들 사이의 인과 관계에서 논증하였다. 그리하여 5가지 증명을 시도했는데, ①부동의 원동자(Unmoved Mover) ②제1원인(Prima Causa) ③최고의 존재 ④필연적 존재 ⑤궁극 목적이다.
	목적론적 논증 Teleological Argument	윌리암 패일리(Paley)는 자연 신학으로 시계를 비유로 해서 신적 설계자가 존재함을 논증하였다. 우주의 질서와 조화가 어떤 설계자를 필요로 한다는 논리인데 진화론이나 데이빗 흄(Hume) 등에 대해 강하게 반대되었다.
역사와 경험에 의한 논증	역사적 논증 Historical Argument	역사적으로 볼 때 모든 종족은 하나님이라는 관념을 항상 가지고 살아 왔다. 그러므로 선교사들의 보고는 인간이 구조적으로 종교적인 존재임을 증명한다. 이것을 제민족의 공동 관심사가 바로 종교 또는 신임을 설명해 준다. 칼빈은 이것을 종교의 씨앗(Semen religionis)이라 불렀다.
	특별한 사건에 의한 논증 The Argument from Special events	이것은 기적이나 기도의 응답과 같은 여러 사람이 공공연히 목격할 수 있는 특별한 사건들이 하나님의 논제를 증명한다는 논증이다. 또한 하나님의 섭리에 대한 이론적인 표현으로서의 역사적·신학적 논증이 가능하다. 개인뿐 아니라 역사에도 풀 수 없는 수수께끼와 신비가 존재하기 때문이다.

(3) 반유신논증(무신론)

철학적 무신론	유물론(Materialism)은 정신적, 영적인 세계를 부정한다. 따라서 천사나 영혼이나 정신이나 신의 존재를 부인하게 되고, 기껏해야 물질에 종속되거나 물질 작용의 부산물로 본다.
신학적 무신론	급진신학(Radical Theology)에서는 성서를 신화가 지배하던 고대 세계의 문학적 작품으로 보고 하나님의 존재까지도 역사적 사실로 보지 않으며, 또는 사신신학(死神神學)처럼 고정 관념에 잡힌 정통 기독교인들이 생각하는 신은 진정한 신의 아니라고 한다(언어 분석의 결과).
사회학적 무신론	에밀 뒤르껭(Durkheim) 등 20세기 초의 사회학자들은 하나님이란 사회가 개인의 사고와 행위를 지배하기 위하여 조작해 낸 상상적인 존재라고 주장했다. 인간이라는 사회적 동물이 자기 존속을 위해 신의 관념을 만들었다는 것이다.
심리학적 무신론	프로이드(Freud)는 지진, 홍수, 폭풍, 질병, 죽음과 같은 잔혹한 위협에 대한 심리학적 방어로 생긴 것이 종교라고 보았다. 예를 들면 기독교는 아버지라는 이미지를 하나님에게 투사시켜서 신의 존재를 만들었다고 한다. 그러므로 세계를 직시하면 사라지게 될 환상이라 한다.
과학적 무신론	현대 과학에 비추어 볼 때 성서의 기록은 모순에 가득 차 있고 매우 비과학적이므로, 종교란 과학이 발달함에 따라 없어질 것이라고 하였다. 신의 존재는 무지한 고대인들에게나 통하는 것이지 과학이 발달한 시대에는 필요없게 된다. 이 이론은 고대와 중세기의 무지했던 종교가들에 대한 반동이기도 하다.
실천적 무신론	외식하는 신앙인들과 명목상의 종교인들은 입으로 하나님을 믿는다 하고 실제 생활에서는 하나님 없이 자기가 하나님 노릇을 하면서 생활하고 있다. 이런 류의 유신론자들은 생활 속에서 신을 의식하지 않으므로 실천적 무신론자들이다.

(4) 유신론 도해

인간의 종류 (신학적 구분)	무신론자(신이 없다고 믿는 자 : 증명은 못한다) 불가지론자(신이 있는지 없는지 알 수 없다고 믿는 자) 유신론자(신은 존재한다고 믿는 자)
유 신 론 의 종 류	
다 신 론 Polytheism	헬라 신화에서처럼 수많은 신들을 인정한다. (예) Zeus, Poseidon, Clio, Muse etc.
범 신 론 Pantheism	원리적으로는 불교도 여기에 속하고, 철학적으로는 헤겔이 해당된다. 신과 인간과 자연은 같다. 일명 만유신론(萬有神論)이다.
일 신 론 Henotheism.	많은 신을 인정하되 자기 부족이 어떤 특정한 한 신을 택하여 신앙한다. 그러나 다른 신을 배격하지 않는다.
이 신 론 (자연신론) Deism	신의 초월성을 인정하나 내재성을 부인한다. 교의학적 의미에서 보면 신의 창조를 인정하지만 섭리를 부정한다고 볼 수 있다.
유 일 신 론 Monotheism	유대교, 회교에서는 자기들의 신만을 인정하고 다른 종교나 신들을 일체 배격한다. 따라서 다른 종교인은 이교도이며 다른 신들은 우상이다.
주 의 사 항	* 기독교의 신관은 유일신론이면서 동시에 3위1체 신관을 갖는다. 하나님은 한 분이시나(본질) 인격적으로 3위로 계신다(3위1체론 참고). * 불가지론(Agnosticism)의 시조는 철학자 칸트(Kant)이다. 그는 Phenomena와 Noumena로 세계를 나누고 비경험적 요소들(신의 존재 포함)은 Noumena에 속한다고 보았다. 따라서 신은 있는지 없는지 알 수가 없다(순수 이성으로).

(5) 신인식론

하나님 인식에 관한 두 견해	인식 가능	인간은 하나님을 완전하게는 알 수 없으나 부분적으로 참된 지식을 얻을 수 있다. 초대 교부들은 로고스를 통해서 하나님은 자신을 나타내셨으므로 완전하게 알 수 없으나 구원하시는 하나님을 알 수 있다고 했다. 스콜라 시대에는 신의 본질은 몰라도 속성은 인식 가능하다고 보았고, 종교 개혁자들은 계시를 통해 하나님의 인식이 가능하다고 믿었다. 루터는 감추인 하나님과 계시된 하나님에 대해 강조하였다. 칼빈도 하나님의 본질에 대해서는 이해할 수 없다고 하였으나 특별 계시를 통해서 그래도 어느 정도는 알 수 있다고 했다.
	인식 불가	불가지론자인 칸트나 헉슬리(Huxley), 흄(Hume) 등은 신의 인식에 대해 그 가능성을 부인하였다. 꽁트(Comte) 같은 실증주의자도 인간은 물질적 현상과 그 법칙들에 대해서만 알 뿐이라고 했다. 스펜서(H.Spencer)도 역시 과학적 불가지론자로서 궁극적 실재에 대한 인식 불능을 말했다. 자연 현상과 감각을 넘어서는 초경험의 세계에 대하여는 인식이 불가능하다는 것이 공통된 주장들이다.
하나님에 관한 지식	본유적 지식	인간이 날 때부터 하나님에 대한 지식을 가지고 난다는 의미가 아니라 인간이 정상적 상태에서 하나님의 계시에 접촉하자, 곧 자발적으로 성장한다는 의미에서 생득적, 본유적임을 뜻한다. 인간이 성숙하였을 때 필연적으로 발전하는, 나면서부터 가진 일반적인 것이다.
	후천적 지식	하나님의 일반 계시와 특별 계시를 통하여 얻어진다. 이 지식은 의식적이며 지속적인 추구의 결과로 생겨진다. 감각과 반성, 논구, 토의 등의 과정을 통하여 얻어진다. 하나님의 존재에 관하여 어느 정도 참다운 지식을 소유할 수 있다.
특별계시 (성경) 에서 알려진 하나님의 존재	하나님은 순수한 영시이다	하나님은 본질적으로 영적 존재이시며 영적 존재의 모든 특질들, 즉 자의식적, 자기 결정적이며, 육체적 감각이나 눈으로 식별할 수 없는 존재이다.
	하나님은 인격적이시다	하나님은 지적, 도덕적 존재, 다시 말해서 인격자이시다. 이성적 존재로서 자기 결정과 판단을 하시는 인격적인 분이시다.
	하나님은 무한히 완전하시다	피조물과 구별되는, 제한 없고 불완전함이 없는 덕과 존재로서 이해된다. 숭고함과 큰 위엄 속에서 모든 피조물을 초월하신다.
	하나님과 그의 완전성은 하나이다	하나님은 한 영으로서 여러 다른 부분으로 구성된 존재가 아니고, 본질과 속성은 하나이심을 뜻한다. 하나님은 그의 속성을 타계에서 첨가하시지 않으시며 스스로 존재하신다.

(6) 하나님의 명칭(Names of God)

구약적 명칭	엘로힘 (하나님) Elohim	구약에서 2000회 이상 나오는 명칭이다. 가장 일반적인 하나님 명칭으로 복수형 단어이다. 보통은 "위엄의 복수형"으로 이해한다. 생략된 형인 "엘"은 강하게 되다, 탁월하게 되다는 뜻으로 능력 있는 분을 뜻한다.
	아도나이 (주님) Adonai	이 단어의 어근이 의미하는 것은 "주" 또는 "주인"이란 뜻이다. 영어 성경에서 Elohim은 God로 Adonai는 Lord로 번역된다. 이 명칭에서 주는 의미는 하나님이 절대적 권위를 가진 탁월하신 만유의 주라는 것이다.
	여호와 (야웨) Yahweh	이 명칭에 대한 발음은 각이하다. 모음이 없는 관계로 유대인 학자들은 Adonai의 발음으로 불렀다. 이 명칭은 연속 관계에서 불변하시다는 뜻으로 사용되며, 자존자로서 "나는 나이다"(I AM WHO I AM)라는 뜻이다.
	복합명칭들 Compound Names	엘 샤다이 : 전능하신 하나님, 엘 엘욘 : 지고하신 하나님, 엘 올람 : 영원하신 하나님, 여호와 니시 : 여호와는 우리의 기(Banner), 여호와 살롬 : 여호와는 평강 등 많이 있다.
신약적 명칭	데오스 (하나님) THEOS	이 명칭은 단순히 하나님(God)을 위한 용어로서 신약에서 가장 보편적인 이름이다. 신약적 명칭은 구약 명칭의 헬라어 번역인데 의미는 같다. 다만 용례가 보다 발전된 경우는 있다.
	퀴리오스 (주님) KURIOS	주(Lord)라는 말인데, 그리스도께 대해서도 이 단어가 사용되었다. 이 명칭은 구약의 Adonai와 Yahweh를 대신한 이름이다. 만물과 천국 백성의 소유자와 지배자, 권세자의 의미이다.
	파테르 (아버지) PATER	이스라엘의 아버지인 하나님의 칭호가(신 32 : 6, 사 63 : 16) 신약에는 창조자로서의 하나님과 그리스도의 위격에 대한 제1위신으로서의 명칭, 또는 신자들에 대한 하나님의 윤리적 관계를 의미한다.

(7) 하나님의 속성(Attributes of God)

신 학 자	구 분 법	속 성 들
헨리 디이슨 (H.C. Thiessen)	비도덕적 속성	편재성 불변성 전지성 전능성
	도덕적 속성	거룩, 의, 공평, 선, 자비, 진실
스트롱 (A.H.Strong)	절대적 속성 (내재적 속성)	영성 : 생명, 인격 무한성 : 자존성, 불변성, 통일성 완전성 : 진리, 사랑, 거룩
	상대적 속성 (전달적 속성)	시간과 공간에 관련하여 : 영원성, 　　무변성 창조에 관련하여 : 편재, 전지, 전능 도덕적 존재에 관련하여 : 진실과 　　성실, 자비와 선하심, 공평과 정의
벌코프 (L. Berkhof)	비공유적 속성 (Incommunicable Attributes)	독립성(자존성), 불변성, 무한성(완전 성, 영원성, 무변성), 통일성(단수성, 단순성)
	공유적 속성 (Communicable Attributes)	영성(Spirituality) 지성(지식, 지혜, 진실성) 도덕성(선-사랑, 은혜, 자비, 　　오래 참으심, 　　거룩, 　　의-보수적, 응보적 의) 주권성(주권적 의지, 주권적 능력)

신 학 자	구 분 법	속 성 들
찰스 하지 (C. Hodge) 쉐 드 (W.G.T.Shedd)	비공유적 속성	자존성, 단순성, 무한성, 영원성, 불변성
	공유적 속성	지혜, 자비, 거룩, 공의, 동정, 진실
바 빙 크 (H.Bavinck)	비공유적 속성	독립성, 자충족성, 불변성 무한성 : 영원성, 무변성, (편재성) ; 단일성(숫자적, 질적)
	공유적 속성	생명성과 영성 — 영성과 불가시성 자의식의 완전성 — 지식, 전지, 지혜, 진실성 도덕적 본성 — 선, 의, 거룩 주되심과 왕, 주권성 — 의지, 자유, 전능 절대적 축복 — 완전, 축복, 영광
에 릭 슨 (M.J.Erickson)	위 대 성	영성, 인격성, 생명성, 무한성, 불변성(Constancy)
	선 하 심	도덕적 순수성 : 거룩, 의, 공평 성실성 : 진정성, 진실성, 성실성 사랑 : 자비, 은혜, 인내

신 학 자	구 분 법	속 성 들
루 이 스 (G. R. Lewis)	형이상학적 속성	자존성 영원성 불변성
	지성적 속성	전능성, 신실성, 지혜
	도덕적 속성	거룩, 의, 사랑
	감정적 속성	악을 미워하심 오래 참으심 동정하심
	실존적 속성	자유, 신뢰성, 전능
	관계적 속성	존재에 있어서 초월성, 섭리적 활동에 있어서 내재성, 구속 활동에서 자기 백성과의 내재성

* 절대적/ 상대적의 구분 :
 하나님의 속성에 있어서 피조 세계(역사, 시간, 공간)에 관련되는 속성을 상대적 속성이라고 한다. 그러므로 영원성은 시간에 관계되므로 상대적 속성에 속한다고 볼 수 있다. 또한 피조 세계는 영원하지 못하므로 비공유적 속성으로 볼 수도 있다.

* 공유적/ 비공유적의 구분 :
 피조물(인간)과 공통되는(Communicable한) 속성은 공유적이라 한다. 그런 의미에서 영원하지 못한 인간이 볼 때 그것은 비공유적 속성에 속한다. 그러므로 속성들의 분류는 보는 시각에 따라 구별이 달라진다.

* 영원성과 무변성의 차이 :
 영원성(Eternity)은 시간과 관련하는 하나님의 속성이고 무변성(Immensity)은 공간과 관련한 하나님의 속성이다.

(8) 3위1체 하나님(Trinity)

교의학적 정의	하나님은 본질적 존재에 있어서는 한 분이시나 이 한 분 안에는 성부, 성자, 성령이라 불리우는 三位(三人格)가 존재한다. 사람처럼 분리된 인격이 아니라 서로 인격 관계를 가지지만 그것은 신적 본질이 존재하는 세 형태이다.
웨스트민스터 신앙 고백의 정의 (제2장 3항)	In the unity of the Godhead, there be three persons of one substance, power, and eternity : God the Father, God the Son and God the Holy Ghost. The Father is of none, neither begotten, nor proceeding : the Son is eternally begotten of the Father : The Holy Ghost eternally proceeding from the Father and the Son.
↓ 〈해설〉	하나님은 신성의 통일을 이룸에 있어서 본체는 한 분이신데 삼위로 계신다(항상 계시다=be). 다시 말해서 똑같은(한) 본체와 권능과 영원성이다. 성부 하나님, 성자 하나님, 성령 하나님이다. 성부는 아무 데서 기인하지 않으셨고(무슨 물질로 구성되지 않고), 거기서 나오거나 유출되지 않으셨다. 성자는 영원토록 성부에서 탄생하시고 성령은 영원토록 성부와 성자에게서 나오신다.(Filioque=From "and the Son"라고 하는 서방 교회의 교리적 입장을 채택하고 있다.)
3위1체 교리에 관한 훌륭한 참고	아다나시우스 신조(Athanasian Creed) 전문;제2서서 신앙 고백 제3장;하이델베르그 요리 문답 24, 25문;웨스트민스터 신앙 고백 제2장;칼빈의 기독교 강요 Ⅰ권 13장;Bavinck, Our Reasonable Faith, PP.143-161;Berkhof, Systematic Theology, 82-99;Warfield, Calvin and Augustine, PP.189-284.
3위1체론의 중요성	모든 이방 종교에는 이와 같은 신 개념이 없다. 오직 기독교의 유일한 신비적 개념이다. 신비하기 때문에 오해도 많으므로 충분한 학습이 필요하다.
3위1체론의 교리적 공식 도해	신성에서	성부, 성자, 성령은 동일한 권능, 영원성, 본체시다.
	인격에서	삼위(位)로 계시며 각자 완전성을 지니며 전체를 이룬다.
	관계에서	한 위가 다른 위에게 종속되지 않으며 父, 子, 靈은 구속사에 나타난 순서일 뿐이다.

2. 신론(Theology)

3위1체론의 이단 Monarchianism 과 Tri-theism	양태론적 단일신론	Sabellius가 주창하였으므로 사벨리아니즘이라고도 한다. 하나님은 한 분인데 3가지 양태(모양 : mode)로 나타난다는 것이다. 그래서 一位三樣說이라고도 한다. 이 이론은 성부 시대 父神이 성자에게 계승되고, 子神은 성령에게 계승된다 하여 Successism(계승설)이라고도 한다. 결국 성자의 고난은 성부의 고난이 되므로 성부 고난설(Patripassianism)이라고 부른다. 용어에 있어서 Modalism(양태론) 또는 양태론적 단일신론(Monarchianism)이라 한다. 단일신론을 군주론 또는 독재론으로도 부른다.
	동력적 단일신론	피조물인 그리스도가 神子로 승격되었다는 주장인데 결국 하나님을 한 분뿐이라 하는 데는 양태론과 같다. 사모사타의 바울이 대표자이다. 여기에 대해 몇 가지 견해 차이가 있으나 핵심은 그리스도의 신격화에 있다. 〈신격화의 시간〉 예수그리스도　　태초에　탄생시　수세시　부활시 (人間)　　　　　×　　　×　　　×　　　×　→ 神子 　　　　　　　　Arius　Socinus　Paul of　？ 　　　　　　　　　　　　　　　　Samosata
	三神論	고대 교회의 John Ascunages와 John Philoponus는 하나님이 세 분으로 존재하는데, 베드로와 야고보와 요한 이 세 제자로서 중요하게 관련되듯이 하나님도 그러하다고 하여 삼신론에 떨어지고 말았다. 한 신적 본체 안의 세 인격을 몰랐다.
칼빈의 주의사항		기독교 강요 Ⅰ권 13장에서 칼빈은 3위와 1체의 어느 한쪽에 치우치지 말 것과 사변이나 유추로 설명하지 말고 성경에 계시된 대로만 믿을 것, 그리고 성부와 성자와 성령을 차별 없이 똑같은 존재로 능력과 위엄과 영광과 경배가 동일하게 주어져야 한다고 하였다.
바르트의 견해 (K.Barth)		현대 신학에서 교의학자 칼 바르트는 3위1체론을 배열하는 데 있어서 그의 저서 교회 교의학 초두에 위치시킴으로써 그 중요성을 인식하고 있다. 그러나 해석에 있어서는 성부를 계시자, 성자는 계시, 성령은 계시되어진 것으로 본다. 따라서 그는 세 존재 양태(mode of being)를 강조하는 한 전통적 해석에 접근하지만 원리상 양태론에 기울고 있다.

성부 하나님	모든 창조물의 근원(고전 8:6, 엡 3:14, 히 12:9, 약 1:17), 이스라엘 선민의 아버지(신 32:6, 사 63:16, 렘 3:4, 말 1:6), 하나님의 영적 자녀인 신자들의 아버지(마 5:45, 6:6, 롬 8:15), 삼위일체신 중 제2위와 관련하여 제1위에 적용(요 1:14, 18)
성자 하나님	아들, 혹은 하나님의 아들이라 불리운다. 성부에 의하여 영원히 발생되었기 때문에 "아들"이라 한다(요 1:14, 18, 3:16, 갈 4:4). 또한 성육신한 아들로서 메시야적 직위의 의미에서 "人子" 또는 "神子"로 불리운다(마 8:29, 요 1:51, 단 7:13, 계 1:13).
성령 하나님	성령은 분명히 인격적 하나님이시다. 중요한 것은 성령의 신성과 인격성이다(요 14:16, 15:26, 롬 8:26). 성령은 성부에게서만 나오시는가(동방 교회), 성자에게서도 나오시는가(서방 교회)의 문제가 있었으나 결국은 서방 교회 교리가 승리한 듯하다. 또한 성령은 그리스도와 동일시 된다는 면을 기억해야 한다.
3위1체론에 대한 오해들 (도해)	父→子→靈 ○+○+○ 종속설(계승설) / 다신론 또는 삼신론 △ 父 θ 子 / 靈 양태론(Modalism) 1/3 | 1/3 | 1/3 분할되거나 합해진다는 관념 수증기→물→얼음 태양빛→열→에너지 사람의생각→말→행동 교수(학교)→장로(교회)→아버지(집) 유추론(피조 세계와의 유추는 잘못이다) 사랑 父⟵⟶子 靈 이것은 Barth의 설명 중에 나타난 것으로 본질과 속성에 혼란을 준다. 위험한 발상이다.
중요한 성경 말씀들	**구 약**: 창 1:26-27, 민 6:24-26, 말 2:10, 시 110:1, 사 48:16, 61:1, 63:9-10 **신 약**: 요 14-16, 요 17:2-3, 마 28:19, 엡 4:4-5, 고후 13:13, 눅 3:21-22

(9) 신적 작정론(Divine Decrees)

신적 작정의 정의	하나님께서 장차 발생될 일체의 사건들을 미리 정하신 것인데 영원전에 3위1체의 뜻으로 하셨고 모든 영역과 모든 일들을 다 포함한다.
주의사항	신적 작정(Divine Decrees)과 예정(Predestination)은 둘 다 영원전의 작정이긴 하나 강조점에 차이가 있다. 신적 작정은 우주적이며 총체적인 것을 대상으로 하나 예정은 도덕적 존재(주로 인간)들의 구원과 관련하여 논의되는 것이다. 따라서 신적 작정은 일반적 작정이고 예정은 특수적 작정으로 볼 수 있다(Augustine).
신적 작정의 특성	하나님의 지혜를 기초로 한다(엡 1:11). 동시에 하나님의 주권적 의지(Sovereign will)와 뜻(Counsel)에 근거한다. 인간은 온전히 알 수 없다(롬 11:33-36).
	모든 일들을 다 포함하는 단 한번의 계획이다. 그것은 영원한 것이다. 시간 이전에 세워졌으나 시간 속에 수행된다.
	신적 작정의 목적은 하나님의 영광이다(시 19:1, 엡 1:4-12).
	하나님의 계획이므로 유효적이며, 아무 것의 방해를 받지 않으며 결국은 다 이루어진다.
	그것은 전 포괄적이어서 인간의 선악간 행위와, 우발적 사건들, 목적과 수단, 인명의 기간, 인간의 거처 등을 포함한다.
	신적 작정은 외부의 어떤 것에 의존하지 않으며, 하나님은 장차 발생할 모든 일을 결정하실 뿐 아니라 실현되는 조건도 역시 결정하신다. 즉 무조적이다.
	죄에 관하여는 허용적 작정이시다. 죄와 관련하여 인간의 책임과 자유를 정하셨으므로 피조물인 인간의 자기 결정의 죄행(罪行)을 방해치 않으시고 그 과정과 결과를 관할하시며 섭리하셔서 자기 목적을 이루신다.
	어떤 부분, 예컨대 복음 전도 따위의 일도 하나님께서 인간들에게도 상당 부분을 맡기시고 수행하도록 하셨다. 즉 신적 작정의 수행 과정에 인간도 참여시키신 것이다.
	영원한 것이므로 당연하게 신적 작정도 불변적이다. 변경이 없으며 수정이나 후회가 없다.

신적 작정론에 대한 반대 의견들	인간의 도덕적 자유와 모순된다.	하나님이 인간의 모든 행동을 작정했다면 인간은 자유도 없고 책임도 없다는 주장이다. 그러나 성경은 인간의 도덕적 자유를 인정하며 하나님은 이것을 무시하지 않고도 일하신다.
	구원에 대한 인간의 노력의 동기를 제거한다.	구원 받기 위해 인간이 노력할 필요가 있겠는가 하는 반론이다. 하나님은 수단도 목적도 모두 정하셨으나 인간의 결심과 수고까지도 고려하신 것이며, 더 중요한 것은 하나님의 감추어진 작정이 인간 행위의 규칙이 될 수 없다는 것이다.
* Pelagian과 Socinian, Arminian파는 신적 작정을 거부한다.	하나님을 죄의 조작자로 만든다.	모든 일을 정하신 하나님이 죄의 조성자가 되지 않느냐는 반문이다. 죄와 인간의 자유의지, 그리고 하나님의 작정은 신비한 분야인데 죄에 대해서는 허용적이지 유효적이 아니다. 성경은 하나님을 죄와 상관없는 거룩한 분으로 묘사한다.
신적 작정이 나타나는 세 가지 영역	물질적 영역	창조된 물질 세계인 온 우주 만물은 하나님의 작정하에 있다(시 33:6-11). 하늘과 땅은 하나님의 작정으로 창조되었고 대대로 주님이 통치하신다. 인종의 분정(分定)과 나라의 경계와 수명과 죽음의 양식까지도 포함한다(신 32:8, 욥 14:5, 딤후 4:6-8).
	사회적 영역	가족 형성(창 2:18), 결혼의 신적 규정(마 19:1-9), 정치 제도(롬 13:1-7), 왕들의 흥망(단 2:21, 4:35), 메시야의 통치(시 2; 슥 14:12-21), 그리스도의 몸으로서의 교회(엡 2:15, 3:1-13) 등이 포함된다. 국가, 가정, 교회가 모두 들어간다.
	영적 영역	천사들의 세계와 인간의 죄를 포함하여 타락과 구원의 모든 구속사적 과정과 인간의 선택 및 구원의 축복을 뜻한다(천사들에 대해서는 "천사론"을 참고할 것). 특히 인간의 영적 상태에 대해서는 예정론과 밀접히 관계된다고 해야 할 것이다.

(10) 예정론(Predestination)

예정의 정의		신적 작정은 일반적인 것이나 예정은 특수적인 하나님의 경륜으로서 도덕적 피조물에 대한 구원 섭리를 미리 정하신 것이다. 하나님은 자기 영광을 위해 인간과 천사들 중에 어떤 이는 영생으로 어떤 이는 영원한 죽음에 미리 경륜하셨다.
예정론의 제입장	Calvinism	하나님은 자기 백성을 믿고 회개케 하려고 선택하셨다. 인간의 믿음과 회개로 인해 선택된 게 아니다.
	Arminianism	조건적 예정, 예지 예정이다
	Socinianism	일반 예정론, 전신도를 하나의 집단으로 예정했으나 누가 들어가고 안 들어가는지는 정해지지 않았다.
	Wesleyan-Arminianism	하나님의 은혜와 전적 타락은 인정하나 회복된 자유의지를 주장하고, 특히 wesley는 선행 은총을 말한다.
	Barthianism	바르트는 쌍방 예정, 전택설을 지지한다. 그리고 그리스도를 거부하는유기자(Reprobater)는 동시에 선택자라는 변증법 논리로 한 인간 속에 있는 두 요소를 말한다.
예정의 대상		모든 이성적 피조물이 대상이다. 선인과 악인, 집단과 개인, 온 인류와 선한 천사나 악한 천사들도 내포된다. 또한 중보자로서의 그리스도 역시 포함된다. 그리스도는 하나님의 선하신 기쁨의 특별대상으로 해당된다.
예정의 두 부분	선택 Election	이스라엘의 선택, 특별한 봉사를 위한 개인의 선택도 있으나(신 4:37, 렘 1:5, 행 9:15), 하나님의 자녀와 영원한 영광의 후사로 되기 위한 개인의 선택(엡 1:4, 고전 1:27-28)이 여기서 다루고자 하는 내용이다. 인류 중 얼마를 예수 그리스도 안에서 구원하기로 하신 하나님의 영원한 목적이라 할 수 있다.
	포기 (유기) Reprobation	선택의 교리는 당연히 유기의 교리로 연결된다. 어떤 사람들을 간과하기로 결정하시고, 또 하나님의 공의의 현현을 위하여 그들의 죄를 벌하기로 결정하시는 하나님의 작정이 유기이다. 즉 중생과 구원의 은혜를 주심에 있어서 어떤 사람은 간과하시고, 그들의 죄 때문에 하나님의 수치와 분노에 임하게 하신 것이다.

* B.B.Warfield의 예정론 도해

타락전 선택설 (Supralapsarianism) "제한적 속죄"	타락후 선택설 (Infralapsarianism) "제한적 속죄"	아미랄두스파 (Amyraldian) "제한없는 속죄"
어떤 사람을 영생으로 선택하심	죄책과 부패와 전적 무능력인 인간의 타락을 허용하심	부패와 죄책, 도덕적 무능인 인간의 타락을 허용하심
인간의 죄책과 부패와 전적 무능력을 의미하는 타락을 허용하심	어떤 사람을 그리스도 안에서 선택하심	모든 사람에게 구원이 가능하도록 그리스도의 은혜가 있음
택자를 구속하는 그리스도의 은혜 및 모두에게 근거를 제공하심	택자를 구속하는 그리스도의 은혜 및 모두에게 근거를 제공하심	어떤 이에게 도덕적 능력의 은사가 주어짐
성령의 은혜가 구원 받는자에게 임하심	성령의 은혜가 구원 받는자에게 임하심	택자 안에서 도덕적 능력이 역사하도록 성령의 은혜가 있음
모든 구원자와 중생자를 속죄하심	모든 구원자와 중생자를 속죄하심	성령으로 성화됨 * Saumur 학파라고도 한다.

2. 신론(Theology)

루터파 (Lutheran)	웨슬레파 (Wesleyan)	로마 가톨릭파 (Roman Catholic)
죄책, 부패, 전적 무능력인 인간의 타락을 허용하심	죄책, 부패, 전적 무능력인 인간의 타락을 허용하심	초자연적의(덧붙여진 은사)를 상실하는 인간 타락을 허용
세상의 죄를 속하기 위한 그리스도의 은혜가 있음	세상의 죄를 속하기 위한 그리스도의 은혜가 있음	모든 인류의 죄를 속하기 위한 그리스도의 은혜가 주어짐
구원의 은혜를 주기 위한 은총의 수단으로서의 은혜가 있음	모든 사람에게 원죄의 사하심과 충분한 은혜의 선물을 주심	그리스도의 속죄를 적용시키기 위해 교회와 성례전이 설립됨
은총의 수단을 거부하지 않는 이들을 성령으로 예정하심	충분한 은혜를 받아들이는 사람에게 생명으로 예정하심	성례전을 통하여 제2원인들의 작용하에 그리스도의 속죄가 적용됨
은총의 수단으로 성화됨	충분한 은혜와 협력하는 모든 이들을 성화시킴	성례전이 지속되는 한 모든 사람의 거룩한 삶이 조성됨

타락전 선택설의 순서	1) 하나님은 먼저 어떤 이는 구원에 선택하시고 어떤 이는 멸망에 간과하심으로 자신을 영광스럽게 하려고 작정하셨다. 2) 이 목적을 위한 수단으로 이미 선택되고 유기된 자들을 창조하기로 작정하셨다. 3) 이 계획의 완성을 위해 하나님은 인간에게 타락을 허용하기로 작정하셨다. 4) 하나님은 선택자에게 구원의 길을 열어 주시고, 다른 사람을 위하여는 간과(pass)하실 뿐 아니라 죄 때문에 영원히 멸망 받게 작정하셨다.
타락후 선택설의 순서	1) 먼저 인간을 창조하기로 작정하셨다. 2) 인간의 타락을 허용하기로 작정하셨다. 3) 일정수의 타락자들을 영생 얻도록 선택하시고, 다른 사람들은 간과하시어 죄 때문에 영원토록 멸망 받게 작정하셨다. 4) 하나님은 선택자를 위하여 구원의 길을 준비하기로 작정하셨다(돌트회의에서 인정된 개혁파 교회 입장).
* 유아 구원에 관한 주의 사항	Loraine Boettner는 그의 책 〈칼빈주의 예정론〉에서 모든 유아는 다 구원 받는다고 했다. 그리고 웨스트민스터 신앙 고백의 선언문(1903년 채택)에 보면 유아 시절에 죽은 모든 아이는 구원의 선택에 포함되어 있다고 하였다. 그러나 본래의 고백서 10장 3절에 있는 대로 "택함을 받은" 영아는 어려서 죽는다 할지라도 구원 받는다고 함이 더 옳은 표현인 것 같다. 한편 가톨릭은 영세 받은 유아는 다 구원 받는다고 생각한다. 루터파는 복음을 듣지 못했기에 멸망한다고 본다.

(11) 창조론(Creation)

창조에 대한 신학적 상식	기독교는 창조론을 중시한다. 구약 성경에서 제일 먼저 강조되는 관념이 창조신의 관념(창 1:1)이다. H.Cox는 중요한 지적을 했다. 창조는 자연의 비 마법화로서 이방 종교와 분리되는 기독교의 최고 개념 중 하나다. 창조는 모든 신적 계시의 시초요 기반이며, 윤리적·종교적 생활의 근원이다. 창조론은 성서에서만 배울 수 있고, 신앙에 의해 받아들여진다.
창조론에 대한 비교 도해	〈기독교 창조론〉 〈理神論〉 〈이원론〉 관여 有 / 재료 無 관여 無 / 재료 有
어거스틴의 중요한 공헌	1) 無에서의 창조(Creatio ex nihilo) 2) 時間과 함께 창조(with Time, not in) 3) 하나님의 영광과 우주의 조화(Harmony)
창조에 대한 성서적 관념	하나님의 영광을 위해 기존 자료를 사용치 않고, 세계와 그 세계 안에 있는 만물을 창출하여 내신 하나님의 행위가 창조이다(정의).
	창조는 3위1체신의 일로 되어진 것이다(종종 성부의 사역으로 묘사되기도 한다).
	창조는 하나님의 자유 행위이며 필연적 행위가 아니다.
	우주 창조는 하나님의 고유의 필연성에 의하지 않고 주권적 의지의 완전한 자발적 결단에 의한 것이었다.
	우주 자체는 하나님과 구별되며, 하나님의 한 부분이 아니다.
	하나님은 피조 세계를 구성하시되 항상 주체 의존하여 유지되도록 하셨다. 주님은 그 속에 편재하신다.

창조의 시기	"태초에"(In the beginning)란 말은 모든 일시적인 사물의 시초와 시간 그 자체의 시초도 의미한다.		
창조의 방법	창조한다(bara=to creat)는 것은 無에서 무엇을 산출하되 기존 재료 없이 창조하였다는 뜻이며, 더구나 하나님의 권능과 지혜로 관여한 결과 이루어진 것이다.		
창조의 궁극적 목적	헬라-로마 철학자 인문주의자, 합리주의자	인간의 행복이 궁극적 목적이다.	
	성 경	하나님의 영광 및 피조물의 행복	
창조론에 대한 이론(異論)들	유물론 (물질영원론) Materialism	유물론은 신적 존재나 정신적·영적 존재를 거부하고 대신에 물질적 세계가 원래부터 존재하며 인간도 결국은 물질의 운동 속에 되돌아갈 뿐이라고 본다.	
	이원론 Dualism	하나님과 물질은 다 같이 영원하다고 본다. 하나님은 창조자가 아니고 단순히 우주의 구조자이다. 두 무한자가 서로 병행한다. 이것은 자체 모순이다.	
	유출론 Emanation Theory	하나님과 세계는 본질적으로 하나인데 세계는 신적 존재로부터 유출(분출)된 것으로 본다. 범신론적 특징을 가지게 된다. 하나님의 자기 결정 능력과 이간의 자유 및 도덕적 특징이 박탈된다.	
	진화론 Evolationary Hypothesis	진화론은 가설이다. 창조론을 대치하거나 나란히 서 있을 자격이 없다. 이 가설은 물질영원설이나 창조론이 인정된 다음에야 무슨 말을 할 수 있다. 그러므로 유신 진화론(有神進化論)도 등장했으나 이것은 용어 자체부터 잘못이며 비성서적이다.	

(12) 섭리론(Providence)

섭리의 정의	하나님께서 통치의 목적을 달성하기 위해 세우신 규정, 또는 모든 피조물들을 위하여 나타내신 돌보심에 관계되어 있는 제반 역사이다.			
섭리론의 주의사항	하나님과 세계를 혼동하는 범신론과 하나님과 세계를 분리하는 이신론을 경계해야 된다. 이신론은 창조를 인정하나 섭리를 인정하지 않는다.			
범신론의 오해	하나님과 세계를 동일시한다. 따라서 섭리론이 없다. 자연의 전 과정은 하나님의 자기 계시에 불과하다(Hegel). 불교 사상도 원리적으로 범신론에 들어간다.			
이신론 (자연신론) 의 오해	하나님은 세계를 창조하시고, 그 법칙을 세우시고, 그것을 운행시키신 후 세계로부터 물러나셨다. 세계는 하나의 기계와 같다. 통일교의 교리는 하나님을 세계의 간접적인 주관자로 본다. 이것은 이신론적인 경향이다.			
섭리의 대상	일반적인 구분	일반 섭리	우주 전체를 관리하심	
		특별 섭리	우주의 각 부분을 돌보심	
	보다 자세한 구분	일반 섭리	자연 현상에 대한 섭리	
		특별 섭리	인류 일반에 대한 섭리	
		최고 특별 섭리	신자에 대한 섭리	
	구체적인 내용	우주 전체	시 103 : 19 ; 엡 1 : 11	
		물질적 세계	시 104 : 14 ; 마 5 : 45	
		야수의 창조	시 104 : 21 ; 마 6 : 26	
		국가의 사건들	욥 12 : 23 ; 행 17 : 6	
		인간의 출생과 운명	시 139 : 16 ; 갈 1 : 15-16	
		사소한 사건들	전 16 : 33 ; 마 10 : 30	
		의인의 보호	시 4 : 8 ; 롬 8 : 28	
		신자에 대한 공급	신 8 : 3 ; 빌 4 : 19	
		기도의 응답	시 65 : 2 ; 마 7 : 7	
		형 벌	시 7 : 12-13 ; 11 : 6	

섭리의 요소	보존 Preservation	보존은 하나님이 만물을 후원하시는 그의 계속적인 사역을 말한다. 그러나 순간마다 세계를 계속 창조함이 아니며, 손은 떼시되 파괴치는 않는다는 의미가 아니다. 만물의 존재와 행동을 지탱하시는 신적 권능으로 지속적으로 유지하시는 사역이다.		
	협력 Concurrence	하나님은 그의 모든 창조물과 협력하시며, 그들로 하여금 그들의 일을 정확히 하게 하시는 사역을 하신다. 매순간 행동에 동반하시며 효과 있게 하신다. 그러나 하나님은 한 부분 인간이 한 부분을 각각 분담하는 게 아니다. 그리고 선·악 간의 모든 행위 속에 역사하시되 죄의 책임은 인간에게 있다.		
	통치 Government	만물이 자기 존재의 목적에 응할 수 있도록 그들을 다스리시는 하나님의 계속적 활동이다. 피조물의 성격에 맞도록 그의 법칙을 적용하신다. 물질적 세계와 영적 세계는 각각 다르게 통치되나 모두가 하나님의 주관하에 있다. 그러므로 통치는 보편적이면서 특수적이다. 하나님의 지배를 벗어나는 것은 없는 것이다.		
섭리와 이적 (비상섭리) 의 문제	이적 (비상 섭리)	하나님의 특별 섭리에는 이적이 있다. 하나님은 제2원인을 통하지 않고 비상 방법으로 하신다. 초자연적 방법과 권능으로 역사하시는 것이다. 자연법칙이란 하나님의 통상적인 방법이고 이적은 비상방법의 섭리이다.		
	이적에 대한 견해들	합리주의	이적을 부인하고 초자연을 거부	
		Walvoord	시대에 따라 이적이 쇠퇴함	
		Kane	선교적 관점에서 지속됨을 인정	
		가톨릭 교회	비복음적 이적들을 보존함	
		Berkhof	은사적 차원보다 섭리저 입장에서 인정	

2. 신론(Theology)

* **기독교 역사 철학**(역사 신학과 섭리론;Christian Philosophy of History)

역사관의 종류	그리이스(헬라)-로마史觀	순환사관(반복)
	호머/헤시오드	숙명론(운명론)
	에피쿠로스	우연론 casualism
	괴엘링크스	기회원인론 occasionalism
	볼떼르/헤겔	발전·진보론
	마르크스	변증법적 유물론
	트렐취	상대주의 역사관
	슈펭글러	비판적 무의미적 사관
	콜링우드	인간의 본질과 역사의 본질은 같다
	바르트/불트만	실존론적 역사관
	쿨만	구속사 중심의 사관
	토인비	도전과 응전
기독교 역사 철학 (역사 신학) Augustine 과 Calvin	1) 직선적 역사관 : 창조와 종말(알파와 오메가)을 인정하는 처음과 끝의 직선적 역사관이다. 성경에 의하면 역사는 반복되거나 고정된 것이 아니다. 2) 섭리론적 역사관 : 하나님께서 역사의 주관자이시다. 다니엘서는 이 점을 분명히 보여 주고 있다. 역사는 인간이 협력(Concurrence)할 수 있어도 주체자는 하나님이다. 3) 목적과 의미를 지닌 역사관 : 역사는 무의미하지 않고, 불가해한 것이 아니다. 신비적 요소도 있으나 성경에 의하면 역사는 하나님의 신적 작정을 성취하는 목적과 의미를 분명히 지니고 있다.	

3. 인간론(Anthropology)
(1) 인간관의 제유형

일원론 Monism	유물론 Materialism	
	유심론 Spiritualism	
이원론 Dualism	대부분의 헬라 철학 Hellenism	
진화론	하등동물→고등동물. 육적, 도덕적 진보	
영지주의 Gnosticism (인간의 3종류)	Pneumatics	Valentinus파 : epignosis로 구원
	Psychics	보통 크리스챤 : 신앙+행위로 구원
	Hylics	육적 인간/이방인 : 구원 불능
Aristotle	사회적/이성적 동물	
Pascal	생각하는 갈대	
B. Franklin	도구를 사용하는 동물	
Leibniz	소우주 Microcosm	
Schopenhauer	형이상학적 존재	
V. Frankl	의미 추구적 존재	
M. Scheler	정의(定義)할 수 없는 존재	
Huizinga	유희하는 인간 Homo ludens	
천도교	인간은 곧 하늘 人乃天主義	
성경의 인간관	1) 하나님의 형상(Imago Dei)대로 지어진 존재 　(존엄성, 만인 평등, 종교성) 2) 계약 관계에서 하나님과 맺어진 존재 3) 문화 명령(노동 명령)을 부여받은 존재 4) 죄로 타락하여 구원이 필요한 존재	

(2) 인간의 기원(Origin of Man)

성경의 근거	창 1 : 26-27 창 2 : 7, 21-23		인간의 신적 기원과 영성 및 특별한 배려
인간의 기원에 대한 성서적 입장	1) 인간의 창조는 하나님의 삼위일체적 엄숙한 계획에 의한다. 2) 인간은 하나님의 직접적인 창조 행위로 말미암았다. 3) 다른 피조물과 달리 인간은 하나님의 형상대로 지어졌다. 4) 인간은 영적 부분과 육적 부분으로 구분되는 뚜렷한 두 요소를 가진다. 5) 인간은 단번에 만물의 영장이 되어 모든 피조 세계에서 정점에 올랐다.		
인간의 단일성 (통일성) Unity of the Human Race	성경		행 17 : 26, 롬 5 : 12, 19, 고전 15 : 21, 22.
	과학적 증거	역사	인류 발달사에 보면 거의 모든 인간이 중앙아시아에서 비롯하며, 하나의 중심지에서 흩어짐을 보여준다.
		언어학	각 족속의 언들에는 공통적인 근원이 있다. 예를 들어 고대 애굽어는 인구어와 셈어에 관련이 있다.
		심리학	인간은 모두 동일한 심리적 특성을 가지고 있다. 특히 도덕성, 본능적 욕구 등이 그러하다.
		자연과학 생리학	피나 인체 구조, 인간의 생리적 현상들은 인종을 불문하고 동일하며 일정하게 분류된다.
영혼의 기원	선재설	Plato Philo Origen Erigena	사람의 영혼이 前世에 존재했다는 것과 이전에 발생한 이 영혼들이 현재의 영혼이 되었다는 주장이다. 사람이 다 죄인으로 난 점을 설명하기에 좋으나 인정받지 못하는 학설이다.
	유전설	Tertullian Gregory of Nyssa Luther Shedd Strong	사람의 영혼은 출생될 때 육체와 함께 번식된다는 것.(부모에 의해 자녀들에게 전달된다). 그러나 성격과 외모는 닮아도, 부모의 영혼을 나누어 받는지 아니면 부모가 창조하는지 답변키 어렵다. 특히 예수그리스도의 무죄성을 변호할 수 없다.
	창조설	Roman Catholic Reformed Calvin C.Hodge Berkhof	하나님은 각 개인의 영혼을 직접 창조하신다는 것이다. 이것은 가장 설득력이 있으나 문제는 자녀의 정신적 도덕적 특성이 유전되는 것을 설명함에 미약하고 하나님이 인간의 영혼을 부패하게 만든다(죄의 구조 속에)는 약점이 나타난다. 그래도 높이 평가 받는 학설이다.

(3) 인간의 구성 요소

一分說 Monotomy	Feuerbach Marx Engels	유물론에 근거한 일원론 철학에서 나온다. 인간은 오직 물질로만(Soma, Physique, Body) 구성되었다는 것이다. 이것은 유물주의 공산당원들에게 널리 퍼져 있다.
二分說 Dichotomy	Plato Descartes Calvin Reformed View (장로교)	2분설은 헬라철학의 영(Pneuma)과 육(Soma)의 구별에서 시작하여 기독교적 이분법(영혼과 육신/Soul and Body)에 이르기까지 가장 보편적인 인간 개념이다. 간단히 말해서 인간을 물질적 요소와 영적 요소로 되어 있다고 보는 것이다(마 10:28, 전 12:7, 고전 5:3 등). 이 견해에서 영이나 혼은 하나의 영적 요소를 두 가지 견지에서 사용한 것으로 생각한다.
三分說 Trichotomy	Irenaeus Erasmus Luther Origen W. Nee (성결교)	3분설은 2분설처럼 헬라 철학에서 유래를 찾는 학자들이 많다. 특히 Alexandria학파는 Origen의 영향으로 3분설과 성경의 3중 해석을 따랐다. 이 견해는 다양한 해석을 가진다. 혹자는 영을 이성적, 도덕적 생명 원리로 보고, 혼을 인간 속의 동물적 생명 원리로 본다. 그러나 어떤 이는 혼을 영과 육의 접촉점을 이루는 매개적 요소로 본다. 또는 영을 대신(對神) 관계, 혼은 대인과 대자(對自) 관계, 육은 대물(對物) 관계로 본다. 근래에 와서 윗취만니(Nee)의 저서로 널리 퍼졌으며 살전 5 : 23과 히 4 : 12에 근거하고 있다. 특히 성전의 구조와 비교하여(뜰, 성소, 지성소) 3분설을 주장하는 사람도 많다.

(4) 하나님의 형상(Imago Dei)

구 분	내 용		
Tertullian Irenaeus	형상 image	인간의 육체적 특성(자연적인 것)	
	모양 likeness	인간의 영적 특성(초자연적인 것)	
Clement Origen (Alexandria)	형상	인간으로서 인간다운 특성	
	모양	인간에게는 본질적이 아닌 특성 / 잃어버린 특질	
Augustine	형상	영혼의 지적 특성	
	모양	영혼의 도덕적 특성	
Socinian	인간이 하등 피조물을 다스리는 지배력		
Ana-Baptist	중생시에 얻어지는 축복		
Pelagian Rationalism	인간의 이성적 성격, 자유 의지, 윤리적-종교적 성향 (Arminian도 해당된다.)		
Tillich	tabula rasa		
Luther	原始的 義 Original Righteousness		
Roman Catholic Church in Dogmatics	자연은사 (형상)	영혼의 영성, 의지의 자유, 육체의 불멸성 (이성과 양심에 반항하는 저급한 욕구가 있음.)	
	초자연은사 (모양)	원시적 의 : 인간의 열등한 성질을 제어할 수 있음	
Scholasticism (Thomism) Catholicism in Missiology	형상	인간 이성의 지성적 능력과 자유(자연은사)	타락후도 잔존
	모양	원시적 의(덧붙여진 은사)	타락시 상실
Calvin Reformed Church	모든 다른 피조물보다 월등한 요소들:인간의 영성, 원시의, 지배력, 육신, 도덕적 이성적 요소, 불멸적 영적 요소 등을 다 포함한다. 물론 좁은 의미에서는 원시적 의를 뜻한다.		
Brunner	내용적으로는 상실했으나 형식적으로는 소유(구원의 접촉점)		
하나님의 형상에 대한 성경의 증거	1) 형상과 모양은 동의어로 사용되며 상호 교환적으로 같은 의미를 나타낸다(창 5 : 1, 9 : 6 참고). 2) 하나님의 형상은 원초적 의인 참지식과 의와 거룩을 포함한다. 3) 인간의 자연적 구성 요소인 지적 능력, 도덕적 자유, 감성 등을 역시 포함한다. 4) 인간의 영성(Spirituality)은 대단히 중요한 하나님의 형상이다. 5) 불멸성(immortality)도 하나님의 형상으로 고려해야 한다. 6) 하등 피조물에 대한 인간의 지배력 역시 하나님의 형상으로 인정된다.		

(5) 행위언약(계약)

기독교와 계약의 문제	하나님과 인간과의 자연적 관계는 언약(계약) 관계에 의해 보충되었다. 인류의 종교사에서 고등 종교일수록 계약적 성질이 드러난다. 기독교는 계약의 종교이다. 인간의 필요에 의해 생긴 것이 아니라 하나님이 두신 것이다. 웨스트민스터 신조는 계약이 참 종교 성립의 기초가 됨을 역설한다(7장).	
성서적 계약의 특징	1) 하나님이 인간의 선까지 겸비하사 낮아지셨다. 2) 神-人관계가 주종 관계가 아니라 인격적 사귐의 관계로 되었다. 3) 모든 계약은 본질적으로 은총의 계약이다. 4) 순종이 요구된다는 점에서 모든 계약은 같다.	
행위 언약의 성서적 증거	1) 언약의 모든 요소가 성경에 표시되어 있다. 계약 당사자로서 하나님과 인간이 있고, 일정한 조건(순종)이 있고, 계약 내용인 약속(영생)이 있고, 어길 경우에 대한 결과(형벌)도 있다 (창 2:16-17, 롬 10:5, 갈 3:12, 창 3:22). 2) 롬 5:12-21은 계약이 아니면 해석할 수 없다. 아담과 그리스도는 계약의 머리였다(대표/계약의 원리). 3) 호 6:7은 명확한 해석으로 인용된다(NIV). Like Adam, they have broken the covenant.	
행위 언약의 요소	언약의 당사자	하나님과 아담
	언약의 약속	축복과 영광의 생명의 약속
	언약의 조건	순종
	언약의 형벌	영원한 사망, 하나님으로부터 분리
	언약의 상징	생명수
행위 언약의 유효성	폐기되지 않았다는 점	하나님의 언약은 영원하며 단지 인간측에서 파기했을 뿐이다. 아직도 유효하다.
	폐기 되었다는 점	중보자 예수그리스도가 완성했다는 의미에서 폐기되었고, 행위 언약은 영생을 얻기 위한 지정된 수단으로서 폐기된 것이다.

(6) 죄의 기원

죄의 기원에 대한 성경의 증거	1) 하나님은 죄의 창시자가 아니다. 2) 죄는 천사 세계에서 비롯된 것이다. 3) 인류에 있어서 죄의 기원은 아담의 타락에서 왔다. 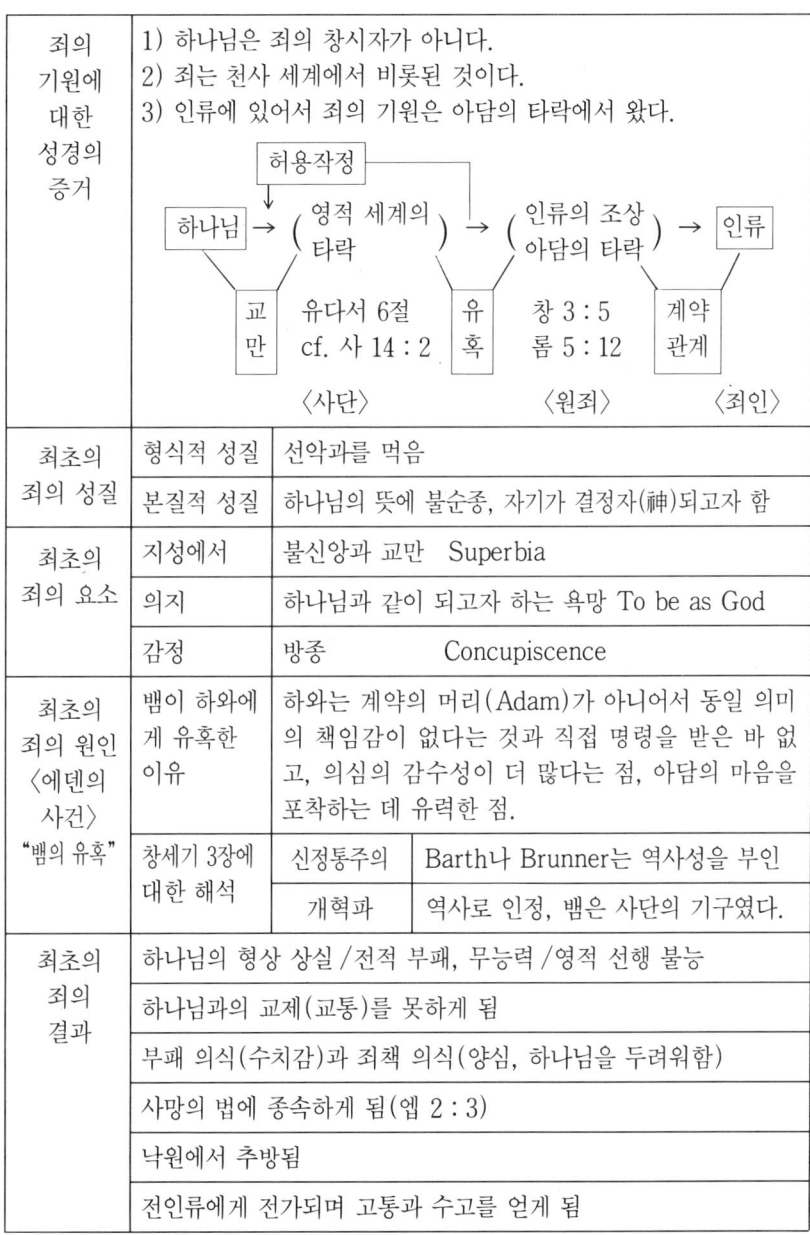		
최초의 죄의 성질	형식적 성질	선악과를 먹음	
	본질적 성질	하나님의 뜻에 불순종, 자기가 결정자(神)되고자 함	
최초의 죄의 요소	지성에서	불신앙과 교만 Superbia	
	의지	하나님과 같이 되고자 하는 욕망 To be as God	
	감정	방종 Concupiscence	
최초의 죄의 원인 〈에덴의 사건〉 "뱀의 유혹"	뱀이 하와에게 유혹한 이유	하와는 계약의 머리(Adam)가 아니어서 동일 의미의 책임감이 없다는 것과 직접 명령을 받은 바 없고, 의심의 감수성이 더 많다는 점, 아담의 마음을 포착하는 데 유력한 점.	
	창세기 3장에 대한 해석	신정통주의	Barth나 Brunner는 역사성을 부인
		개혁파	역사로 인정, 뱀은 사단의 기구였다.
최초의 죄의 결과	하나님의 형상 상실 / 전적 부패, 무능력 / 영적 선행 불능		
	하나님과의 교제(교통)를 못하게 됨		
	부패 의식(수치감)과 죄책 의식(양심, 하나님을 두려워함)		
	사망의 법에 종속하게 됨(엡 2 : 3)		
	낙원에서 추방됨		
	전인류에게 전가되며 고통과 수고를 얻게 됨		

(7) 죄의 종류

원 죄	원죄의 정의		인간이 나면서부터 갖고 오는 죄의 상태와 조건으로 아담의 원초적 죄에서 유래한다. 이 죄는 모든 인류 생활과 개인의 삶에 나타나는 죄의 뿌리이다.
	원죄의 두 요소	원초적 죄책	이것은 아담의 죄의 죄책(Guilt)이 우리에게 전가됨을 뜻한다. 아담이 우리의 대표자(계약의 머리)로 범죄한 이래, 우리는 아담 안에서 유죄한 것이다. 위법 상태로 난 우리는 형벌 받을 운명으로 죄책을 갖고 있다.
		원초적 오염	전적 부패 — 하나님의 의지에 대한 본유적 지식과 분별력 상실. 영적 선이 인간에게 조금도 없고 도덕적 왜곡만이 남았다. 이 부패는 전인에 파급되었다.
			전적 무능력 — 하나님을 사랑하거나 하나님의 의지에 순종하는 능력이 상실되었다. 인간은 자기가 결정한 근본적인 죄의 선택을 변경할 수 없다.
행 위 죄	행위죄 (본죄)를 보는 시각	로마교회 알미니안 펠라기안 자유주	원죄는 부인하거나 극히 약화시키고 행위죄를 더 강조한다. 인간의 개인적 선택과 범죄 행위를 지나치게 상황적으로 해석한다.
		개신교	원죄와 관련하여 생각한다(행위죄를 경히 여기는 경향이 있다).
	행위죄에 대한 설명		원죄에서 나오는 의식적 사고와 의지, 외부적 행위에서 되는 죄이다. 원죄는 하나이나 행위죄는 여럿이다.
		내적생활의 죄	교만, 질투, 증오, 감각적 육욕, 사욕 등
		외적생활의 죄	사기, 도적, 살인, 간음, 횡령 등
		성령 훼방죄 (불가사적 죄)	참람죄로서 하나님의 은혜에 대한 성령의 증거와 확신을 반대하여 의식적, 악의적으로 거절하며 비방하는 죄, 회개도 거부하는 죄
	천주교회의 행위죄	소죄(경죄)	마음속에 숨겨져 있는 것으로 미워하고 비열한 행위
		대죄(중죄)	명백히 파렴치한 행위(지옥)

3. 인간론(Anthropology)

* 원죄(Original Sin)에 관한 제견해

Pelagius	전적으로 원죄를 부인했다. 다만 시조를 인격적으로 모방한다.
Tertullian	유전적인 죄의 경향과 부패
Ambrose	내적으로 타고난 부패와 인간의 죄책(상태)
Augustine	인간에게 육체적으로 도덕적으로 아담의 죄가 전적인 부패를 주었다. 인간은 죄밖에 다른 아무것도 못한다. 이미 정죄하에 났다. 원죄는 부패와 죄책을 다 포함한다.
Semi-Pelagian	인류가 아담의 타락에 연루되었으나 전적 부패는 아니며 자유의지의 상실도 아니다.
T. Aquinas	질료적으로는 욕정을 의미하며, 형상적으로는 원시적 의의 결핍을 의미한다.
Reformers	대체로 개혁자들은 Augustine의 입장을 따랐다.
Calvin	원죄는 단순히 소극적인 어떤 것이 아니라 전인류의 저주인 아담의 죄(불순종)와 타락이다. 감각적 성질에만 제한되지 않는 전적 부패이다.
Socinian	원죄를 부인함에 Pelagian과 같다.
Arminian	Semi-Pelagian과 같다.
Barth	인간 타락은 논하나 원죄를 언급치 않고 타락을 Urgeschichte로 본다.
Brunner	원죄의 전가설 부인. 죄는 상태가 아니라 행동이다. 원죄론을 회피.
Tillich	원죄에 대한 성서 기록을 신화로 보고 단지 인간 소외로 해석한다.

* **Roman Catholic의 "7 deadly sins"**(지옥에 가게 된다는 七大罪)
① pride(교만) ② anger(분노) ③ gluttony(폭식)
④ covetousness(탐욕) ⑤ envy(시기) ⑥ lechery(색욕) ⑦ sloth(나태)
이것은 비복음적 주장이다. 원죄 때문에 지옥에 가는 것이지 행위죄 때문이 아니다. 천주교회는 소죄가 쌓이면 대죄가 된다고 하는데 교황마다 구분이 다르며 대죄도 고해성사로 해결된다 하므로 예수님의 속죄권도 박탈한다.

(8) 각종 죄관(罪觀)

성경적 관점의 죄관 (죄의 본질) (죄의 보편성)	1) 죄는 특별악이다. 인간이 직접 책임을 지고, 정죄 받게 되는 도덕적 악이다. 2) 죄는 절대적 성질이 있어서 인간은 중립적 입장에 설 수 없다. 3) 죄는 항상 하나님과 그 의지에 관계되어 있다. 사회적 방법이나 사람과의 교제에서 해석되는 것은 부족하다. 4) 죄는 죄책과 오염을 내포하고 있다. 5) 죄는 그 자리를 마음에 두고 있다. 여기서 全人에 파급된다. 6) 죄는 외부적 행위뿐 아니라, 죄의 습관, 마음의 의향이다. 7) 죄는 인간의 본성에 타나나는 보편적인 것으로 도덕적 의식보다 앞선다(어린아이의 죽음). 일찍부터 인간성 속에 존재하며 모든 인간에 다 적용된다. 여기에는 어린이도 포함된다.
Pelagius 파의 죄관	원죄를 믿지 않으므로 모든 인간이 죄인으로 난다는 것을 시인하지 않는다. 아담은 적극적으로 선도 아니고 악도 아닌 도덕적 중립상태로 창조되었다(도덕적 성격이 없다). 인간은 다만 죄의 모델이라는 약점을 보고 태어날 뿐이다. 죄는 모든 인간의 자유선택의 결과이다. 죄인은 없고 죄의 행위만 있는 것이다. Pelagius는 죄가 하나님과 관련된 사실은 인정한다. 그러나 인간이 자유 의지와 선행을 할 능력을 타고난다고 한다.
Roman Catholic의 죄관	원죄는 근본적으로 소극적 상태이다. 이 상태란 인간이 초자연적으로 부여 받은 원시적 의(likeness)의 결핍을 뜻한다. 이것은 하나님께 대한 혐오의 상태다. 그래서 죄의 상태이다. 행위죄는 의지의 고의적 선택의 결과인 여러 행위에서 되어지고 소죄와 대죄가 있다. 원죄는 세례로, 소죄는 성찬(Mass)으로, 대죄는 고해로 각각 사해진다고 한다.
진화론의 죄관	Tennant에 의하면 인간에게는 짐승으로부터 유전 받은 많은 충동과 특성이 있다고 한다. 이것들은 그 자체가 죄는 아니나 자연적으로 어떤 상태하에서는 죄가 된다. 인간은 각성하는 도덕적 의식이 있어서 상호 견책한다. 양심의 견책에도 불구하고 계속해서 충동과 욕망과 정욕에 지배 받으면 사실상 죄가 된다. 죄는 도덕적 존재로서의 인간이 정욕에 자신을 내어 주는 것이다.

(9) Adam의 죄와 후손의 죄와의 관계(죄의 전가)

Pelagian Socinian Unitarian	아담의 죄와 우리의 죄 사이에 어떤 필연적인 관계가 있다는 것을 부인한다. 다만 아담의 악한 모델이 인간에게 모방하도록 인도한다. 펠라기우스는 하나님이 각 영혼을 직접 창조하므로 무죄하다고 한다. 각 사람은 자기가 범죄한다. 이 교리는 418년 카르타고 회의에서 정죄되었다.
Semi Pelagian Earlier Arminian	인간은 아담으로부터 자연적 부패를 유전 받았으나 아담의 죄에 대해서는 책임지지 않는다. 그러므로 죄책이 없다. 하나님은 이 문제에 대해서 어느 정도 책임이 있다.
New Haven School	타고난 죄의 경향 그 자체는 죄가 아니고 의도적일 때 죄다.
Arminian Methodist Wesleyan Holiness Group	전적 부패가 아니다. 인간은 아담으로부터 부패하는 본성을 받았으나 죄책과 유죄라는 과실이 있는 것은 아니다. 인간은 여전히 의를 선택할 수 있다. 롬 5:12은 각인이 아담의 행위에 동의하므로 개인에게 죄가 된다는 뜻이다.
Neo Orthodoxy	인간 타락의 기사는 초역사의 사건이다. 우리와 직접적 관련이 없다. 하나의 교훈으로 의미만 찾아야 한다.
Federal Presbyterian Covenant- Theology Berkhof Hodge	아담은 그 후손에 대해 자연적 머리(시조)이며, 언약 관계에서 대표적 머리이다. 아담은 대표적 자격으로 범죄하였고, 그 죄책은 모든 사람에게 전가되었다. 전적으로 부패한 것이며 죄와 죄책은 전가되었다. 이것은 직접 전가설로 개혁파 신학의 입장이 되었고 인류가 언약의 대표인 아담의 죄만 책임지고 다른 조상의 죄는 상관 않는 이유를 보여준다.
Augustinian Later Calvinists Shedd Strong Luther	온 인류가 아담 안에서 죄를 지은 참여자가 된다. 마치 레위가 아브라함의 허리에 있었던 것처럼(Seminally present) 아담 안에 온 인류는 죄속에 참여했다. 그러므로 인류는 모두 죄책이 있다. 이것은 실재설(realistic theory)이라고도 부른다. 종교 개혁자들은 이 견해를 옹호하였다(Calvin 포함).
Mediate Imputation Placeus	아담의 죄는 직접적으로 후손에게 전가되지 않는다. 단지 자연적 생식 과정으로 내적 부패를 아담으로부터 받는다. 인간은 부패하게 태어났기 때문에 유죄하다. 그러나 앞 세대의 죄는 어떻게 처리하는지 문제가 된다.
Weslean Arminianism	전적부패는 인정하나 회복된 자유 의지를 말한다.

* Augustine과 Pelagius 비교 도해

펠 라 기 우 스	1) 하나님은 인간에게 선을 행하라 하셨으니 인간은 그것을 행할 능력이 있다. 2) 죄는 의지의 개별적 행동이다. 본성상 죄란 것은 없다. 만약 인간의 본질이 죄라면 인간은 자유하지 못하며 책임도 없다. 3) 죄의 보편성이란 모방으로 설명되어야 한다. 오랜 죄의 행습과 오랜 악습, 그리고 오래 된 악의 그 습관이 죄된 본성을 가조도록 영향을 주는 것이다. 4) 은혜는 의지를 돕기 위해 필요한 것이다. 은혜라는 것은 하나님이 명하신 것을 보다 용이하게 성취하기 위해서 주어진 것이다.
어 거 스 틴	1) 하나님은 인간을 선하고 의롭게 창조하셨다. 인간은 완전히 자유로웠다. 이런 조건에서 인간은 하나님을 진실하게 섬기며 최고의 만족을 누렸다. 2) 아담은 타락하여 이 모든 것을 잃어 버렸다. 그는 하나님의 명령을 어기고 악하게 되었으며 삶의 모든 관계에서 부패하여졌다. 3) 타락의 주 원인은 교만이었다. 교만은 자기 사랑이다. 그것은 인간의 의지를 주된 관심사로 한다. 하나님은 제거되고 자기가 하나님이 된다. 4) 자기 사랑의 인간은 하나님으로부터 떠나서 하나님이 기뻐하지 않는 일을 목적한다. 타락의 순서는 자기 사랑, 무지, 그리고 탐욕이다. 5) 아담의 조건과 성격은 후손에 전가되었다. 아담은 다른 사람이 되었고 인류의 본성은 변했다. 그의 도덕적 특질은 우리의 것이 되었다. 형벌은 우리에게 넘어와서 우리의 자녀에게도 해당된다. 6) 구원은 은혜로만 온다. 은혜가 사람 속에 타락된 의지를 재창조하며 선한 일과 해방된 후에도 활력 있게 영향력을 준다. 7) 은혜의 중요한 사역은 사랑을 공급하는 것이다. 어거스틴이 이해하기로는 새롭고 선한 의지와 같은 것이다. 인간은 옳은 것을 의지하므로(뜻하므로) 의롭게 된다. 8) 은혜는 피할 수 없다. 자유 의지는 파괴됐다. 불경건한 자들이란 부름 받지 못한 자들이다. 성례도 오직 부름 받은 자들에게 유효하다.

(10) 은혜 언약

A. 속죄 언약(The Covenant of Redemption)

속죄언약의 정의	3위1체의 대표자이신 성부와 하나님의 백성의 대표자인 성자가 맺은 계약으로서 성자는 성부가 주신 백성에 대한 의무를 맡고, 성부는 그의 속죄 사역을 위해 필요로 하는 모든 것을 성자에게 약속한 것이다. 이 영원한 계약은 은혜언약의 기초이다. 영원한 평화의 의논이다.
속죄언약의 성서적 증거	슥 6:13→ "the counsel of peace"(KJV) 엡 1:4, 살후 2:13, 딤후 1:9, 약 2:5, 벧전 1:2→영원성 요 5:30, 6:38-40, 롬 5:12-21, 고전 15:22→구원의 언약적 성질 시 2:7-9, 시 40:7-9, 요 6:38-39, 요 17:5, 6→언약의 요소들 시 89:3, 사 42:6, 시 22:1, 2, 시 40:8→메시야와 언약성
속죄언약에 있어서의 성자	1) 그리스도는 속죄 언약의 보증인이며 머리이시다(제2아담, 마지막 아담). 2) 그리스도에게 있어서는 행위 언약이 된다(충실한 순종). 3) 그리스도의 사역은 선택으로 제한 받는다(논리적으로 선택이 속죄의 계획에 앞선다. 그리스도는 성부가 주신 사람들만을 구원하는 일을 하신다). 4) 그리스도는 구약과 신약의 성례를 다 사용하셨으나 그리스도에게 있어서는 성례가 구원적 은혜의 인호나 상징이 아니다. 오히려 속죄 언약의 표요, 인호였다.
속죄언약의 요구	1) 여인에게 탄생하여 인성을 취하고, 죄는 없으나 허약한 본성을 취할 것. 2) 죄에 대한 형벌을 지불하고 선민의 영생 위해 자기를 율법하에 둘 것. 3) 그리스도는 성령의 능력 있는 역사를 통해 자기 백성을 중생시키며, 회개, 신앙, 성화시키며 하나님께 헌신시키도록 할 것.
속죄언약의 약속	1) 무죄한 육체를 준비, 무한한 성령을 부어 메시야직을 부여. 2) 성부는 성자를 지원하시며, 사단을 파멸케 천국을 건설케 하심. 3) 성자가 부활, 승천하고 하나님 우편에서 모든 권세를 갖게 하심. 4) 속죄를 이루신 보상으로 성령을 파송하여 교회를 이루시고 인도, 보호하심. 5) 성령의 역사로 성자에게 주신 자는 하나도 상실되지 않게 하심. 6) 속죄에 참여하는 많은 사람들로 메시야 왕국은 지상의 모든 나라 백성을 다 포함한다. 7) 속죄 사역을 통해서 하나님의 완전하심의 영광이 사람과 천사들에게 나타나서 하나님은 모든 존귀와 영광을 받으신다.

B. 은혜 언약(The Covenant of Grace)

	행위 언약과 은혜 언약 비교 도해	
같은 점	1) 계약의 창시자가 하나님이시다. 2) 계약의 당사자는 하나님과 인간이다. 3) 계약의 외적 형태는 "조건"과 "약속"이다. 4) 계약의 "약속 내용"은 양자가 모두 영생이다. 5) 계약의 목적은 모두가 하나님의 영광이다.	
	행위 언약	은혜 언약
다른 점	하나님은 창조자와 주님 (하나님의 사랑과 자비) 인간은 하나님의 피조물 중보자 없음 인간의 불확실한 상태 (순종과 불순종) 율법을 지켜야 영생 행위 계약은 본성으로 일부분 알려졌다. 하나님의 법이 인간의 마음에 기록되었기 때문.	구속자와 아버지이신 하나님 (하나님의 돌보심과 특별 은혜) 인간은 죄인 / 그리스도(보증인) 안의 당사자 중보자 있음 중보자 그리스도의 절대적이고 확실한 순종 예수그리스도를 신앙함으로써 영생 은혜 계약은 전적으로 특별 계시를 통해서 알려진다.

3. 인간론(Anthropology)

은혜 언약의 계약 당사자	제1당사자는 하나님이시다. 제2당사자가 자기에게 대해 가지실 관계를 솔선하여 은혜롭게 결정하시는 당사자. 제2당사자는 목적 자체(생명의 교통의 언약)로 볼 때는 피택자이다. 그러나 목적에 대한 수단(합법적 관계의 언약)으로서 넓은 의미의 언약에서는 객관적 협약이므로 언약의 생명을 받지 못하는 자들도 포함한다. 그렇지만 구원의 실현이라는 수단적 의미에서는 신자들과 그 자녀들이라고 말할 수 있다.
은혜 언약의 약속과 요구	약속: 하나님과 백성의 참된 관계 회복, 영적 상징으로서의 현세적 축복의 약속, 죄의 사유와 양자, 칭의의 약속, 성령의 약속, 최종적 영광의 약속(영생).
	요구: 믿음과 순종이다. 믿음으로 언약과 그 약속들을 받아 언약의 생명에 들어가고, 새 생명의 원리에 따라 새로운 순종으로 하나님께 헌신해야 한다.
은혜 언약의 특징	1) 은혜로운 언약 2) 3위1체의 언약 3) 영원하여 파기될 수 없는 언약 4) 오직 피택자에게만 해당되는 특수적 언약 5) 본질상으로는 모든 시대에 동일한 언약(내용, 약속, 실현 방법) 6) 조건적이면서도(신앙) 무조건적이다(공로에 의지하지 않음). 7) 하나의 유언이다. 전적으로 하나님이 주시고자 하는 축복의 계획이다. 특히 그리스도의 죽음으로 소개되었다.
은혜 언약과 그리스도와의 관계	그리스도는 언약의 중보자이다. 그리스도는 특별한 중보자이다. 그 이유는 하나님과 인간 사이에 개재하셔서 중재만 함이 아니라 실제적인 능력을 가지고 보증인과 율법 완성자로서 그가 대표하는 사람들이 하나님과 정상 관계를 갖도록 회복시키기 때문이다.

언약 안에 있는 회원	언약 안에 있는 성인	성인은 신앙과 신앙 고백을 통해서 합법적 협정으로서의 언약에 들어갈 수 있다. 신앙은 유일한 방법이다.
	신자의 자녀들	신자의 자녀들은 나면서부터 합법적 관계로서 언약에 들어간다. 그 자체가 생명의 교통으로서의 언약관계가 아니고 조만간 현실이 되리라는 합법적인 관계이다.
	비중생자	합법적 협약으로서 언약에 참여된 비중생자는 회개하고 신앙을 가진 의무와 책임이 있다. 그들이 하나님께 돌아와서 그리스도를 받아들이지 않으면 언약의 파기자로서 심판 받게 된다.
여러 경륜 시대의 언약	창 3:15의 언약의 최초 계시	원복음이라 불리우는 창 3 : 15에서 인류가 두 부분으로 구분되며 장차 두 후손이 어떤 관계에 있으리라는 언약의 관념이 명백히 나타나고 있다.
	노아와의 자연의 언약	자연은 언약, 또는 일반 은총의 언약이라고 하는 노아와의 언약은 자연의 세력과 악의 권세가 제어함을 받는다는 자연적 축복의 약속이다. 이것도 역시 하나님의 은혜의 언약이다.
	아브라함과의 언약	Calvin은 아브라함과의 언약을 대단히 중시한다. 구약의 특수한 언약 수행의 시초이다. 선민이 시작되는 언약이다. 현세적, 영적 축복이 모두 약속되었다. 이 약속은 아브라함의 믿음을 따르는 후손에게 실현된다.
	시내산의 언약	율법은 본질적으로 아브라함 계약과 같다. 예배를 포함하는 이 언약은 은혜 언약에 공헌한다. 죄의식의 증진과 그리스도에게 이끄는 교사 역할을 한다. 하나님의 요구와 메시지에서 그 상징과 전형이 나타났다.
	신약 시대의 언약	신약의 언약도 본질은 같다. 다만 보다 보편적으로 됐으며 영적 축복이 더욱 풍성해졌다. 언약의 경륜시대는 재림시까지 계속된다. 이 언약 관계는 하나님과의 친밀한 생명의 교통에서 실현될 것이다.

4. 기독론(Christology)
(1) 기독론의 3대 과제

인격론	신 성	예수그리스도는 참으로 하나님이시다.
	인 성	예수그리스도는 참으로 인간이시다.
상태론	비 하	낮아지심 : 도성인신→고난→십자가→(음부)→매장
	승 귀	높아지심 : 부활→승천→우편에 앉으심→재림
직무론	선지자	구약 예언의 성취 및 하나님의 대언자
	제사장	제물이면서 제사장 되신 그리스도가 또한 변호사이다.
	왕	영적 왕권 및 우주적 왕권

(2) 인격론의 역사 (기독론 확립의 역사)

회 의	주 장	이 단 자	결 과
325 니케아	그리스도를 피조물로 보는 동력적 단일신론	Arius	그리스도의 신성 확립
381 콘스탄티노플	그리스도의 진정한 인성을 부인. 로고스가 인간의 영을 대신함.	Apolinaris	그리스도의 인성 확립
431 에베소	신성과 인성은 다 인정하나 참된 통일과 단일 인격을 구성함을 부인했다. 마치 두 인격인 것처럼 보았다.	Nestorius	그리스도의 1인격 확립
451 칼케돈	신성 안에 인성이 흡수되어 한 본성일 뿐이라고 주장했다.	Eutychus	그리스도의 2본성 확립

(3) 그리스도의 명칭

예수 Jesus	히브리어 여호수아(예수아)의 헬라어 형이다. "구원하다"라는 히브리어에서 유래되었다. 이 명칭은 구약의 유명한 두 예수의 典型에 의한다. 눈의 아들 여호수아와 여호사닥의 아들 대제사장 여호수아이다.
그리스도 Christ	그리스도는 메시야(the Anointed One by YHWH)의 헬라어 형 명칭이다. 기름 부음 받는 선지자, 제사장, 왕으로서의 예수의 사역을 지칭해 준다.
인자(人子) The Son of Man	인자는 예수그리스도의 자아 칭호(Self-Designation)로서 가장 중요한 메시야 명칭 중 하나다. 이 칭호의 배경은 단 7:13이다. 오늘날에 와서는 신약 신학의 중요한 연구 과제가 되었는데 결국은 예수의 人性보다 神性을 지시한다는 것이 최근의 연구 추세이다. 그러나 예수의 인성과 고난과 죽음과 관련된다는 것도 간과하면 안 될 것이다.
하나님의 아들 The Son of God	이 명칭은 다양한 의미로 사용된다. 그러나 조직 신학에서는 다음 세 가지를 강조하고 있다. 1) 탄생의 의미에서 : 그리스도의 인간성의 기원이 성령의 활동, 즉 하나님의 초자연적 활동에 두고 있다. 2) 직위적, 메시야적 의미에서 : 그리스도의 성질보다는 하나님의 후사로서 또한 대표자로서의 하나님의 아들이란 뜻이다. 3) 3위1체의 의미에서 : 3위1체의 제2위가 되시는 그리스도를 지시한다.
주 Lord	그리스도의 승귀한 인격과 그의 최고의 영적 권위를 표현하고 있는 귀절들이 있다. 사실상 하나님의 명칭이라 할 수 있다. 특히 이 명칭은 그리스도께서 부활하신 후 그에게 적용된 이름으로 그가 교회의 소유주요 통치자라는 사실을 지시하기 위하여 사용되었다. 물론 부활하기 이전에도 그런 의미가 없는 것은 아니다.

(4) 그리스도의 신성과 인성 (Person and Natures)

신성 Divinity	사 9:6 렘 23:6 단 7:13	요 1:1 빌 2:6 요일 5:20	그리스도는 참으로 하나님이시다.	Nicaea 신조 Westminster 신조 (8:2) Chalcedon 신조 (특히 연합)
인성 Humanity	요 1:14 딤전 3:16 요일 4:2	요 8:40 행 2:22 롬 5:15	그리스도는 참으로 사람이시다.	
二性의 필요성 The Necessity of the two natures in Christ	\multicolumn{4}{l|}{1) 그리스도가 참된 중보자가 되기 위하여 신성과 인성이 필요하다. 2) 속죄 사역에 있어서 죄인을 대표하기 위하여 인류의 한 사람이 되어야 한다. 3) 모든 경험과 시련과 유혹을 동정하며 인간적 모범이 되기 위해 인성이 필요하다. 4) 자기의 생명을 상실한 자는 남을 구원 못하므로 무죄한 인간이어야 한다. 5) 무한한 가치의 완전한 희생을 드릴 수 있기 위해 신성이 필요하다. 6) 하나님의 진노를 속죄적으로 부담할 수 있기 위해 신성이 필요하다. 7) 율법의 저주에서 사람들을 구원하기 위해 신성이 필요하다. 8) 구속 사업의 결과를 적용할 수 있기 위해 참 하나님이어야 한다.}			
二性 一人格의 내용	\multicolumn{4}{l|}{중보자 그리스도에게는 한 인격만이 있을 뿐이다. 성육신에서 인간의 인격으로 변했다든지 인간의 인격을 채용한 것이 아니다. 다만 人性을 취한 것이다. 神子의 人格 안에서 人性을 취하여 二性을 다 소유하신다. 그러므로 神的이며 人的인 神人(God-Man)이시다. 인성과 신성의 본질적 특질들을 소유하되 하나의 자의식만 가지신다. 비록 신적 의식과 인적 의식, 신적 의지와 인적 의지를 모두 가지셨어도 두 인격은 아니며(One Person) 하나의 自意識만 가지셨다.}			
한 인격에 있어서의 二性연합 의 결과	속성의 전달	\multicolumn{3}{l|}{성육신 후에 인성과 신성의 특성들이 인격의 특성이 된다는 것이다. 그 인격은 전지, 전능, 편재, 또는 비애의 사람, 제한된 지식과 능력의 사람으로도 불리운다.}		
	행동의 전달	\multicolumn{3}{l|}{속죄 사역은 그리스도 안에서 분할할 수 없는 인격적 주체의 사역이었다. 二性의 合作이다. 그러나 한 인격의 일로 통일을 이룬다.}		
	은혜의 전달	\multicolumn{3}{l|}{인성은 신적 인격과 연합함으로 은혜와 영광에 참여하며 기도와 찬미의 대상까지 되었다.}		

* 기독론에 있어서의 이견(異見)들

루터파의 속성 교류 Communicatio idiomatum	그리스도의 신성과 인성이 실제적인 전이(actual transference)를 통해 한 본질의 속성이 다른 본질에 교류한다는 것이다. 그러나 점차 신성이 인성으로 교류한다는 점이 강조되었다. 특히 공작적 속성들(전지, 전능, 편재)이 인성에 전이되었다고 한다(성육신 때 발생하였다).	
Kenosis 이론들 (루터파)	성경의 근거	빌 2:7 "자리를 비어"(ekenosen:condescend)
	Thomasius	상대적 속성들을 임시로 버렸다가 부활후 취하심
	Gess	글자 그대로 그리스도는 인성의 한계로 낮추어졌다.
	Ebrard	영원한 아들은 충분한 자기 제한으로 순수한 인성을 소유하셨고, 신성은 유지하면서도 인간적 양태로 존재하셨다.
	Martensen	로고스가 비하된 생활을 하는 동안 2중 생활을 하였다. 신성을 가졌으나 전혀 깨닫지 못한 무능해진 로고스로서 인성과 결합되었다.
점진적인 성육신 (Dorner)	조정신학자 도르너는 하나님의 본질적 성질이 자신을 인간에게 전달시키려는 충동이 있다고 보고, 죄와 상관없이 성육신이 있었을 것이라 하였다. 더구나 성육신은 한번에가 아니라 점진적인 과정을 통해서 이루어졌고 부활 때 가서야 충분히 완성되었다고 한다.	
Kant	그리스도는 단순히 추상적 이상, 윤리적으로 완전한 이상이다.	
Hegel	성육신은 하나님과 인간이 하나됨을 의미한다는 범신론적 해석	
Schleiermacher	그리스도는 최고의 신의식을 가진 완전한 종교적 인물, 신과 합일한 특성	
Ritschl	그리스도의 인격보다 사역에 강조하여, 그의 일을 보고 신격을 부여	
T. Aquinas	그리스도의 인성은 로고스와의 연합으로 2중 은혜를 받았다. 단회적 은혜(인성이 예배 대상), 지속적 은혜(인성을 유지하는 성화 은혜)	
신성 부인	Ebion파, Alogi파, Socinian, Unitarian, Arian 등	
인성 부인	Gnostic파, Sabellius파, Apolinaris 등	
한 인격 부인	Nestorius	
두 본성 부인	Eutichus	

(5) 상태론(신분론;States)

구 분	비 하 Humiliation	성육신, 수난, 죽음, 장사(음부강하)
	승 귀 Exaltation	부활, 승천, 우편에 앉으심, 재림

성육신 Incarnation 道成人身 또는 化肉 受肉	神子는 본성에 있어서 신성의 변화가 없으되 동정녀 탄생을 통하여 육체와 영혼으로 구성된 완전한 인성을 취하셨다. 재세례파의 하늘로부터 인성을 받았다는 교리는 잘못이다. 그들은 마리아를 하나의 운하나 도관으로 본다. 성령으로 잉태되었다는 것은 참으로 인간 마리아의 복 중에서 그리스도의 인성이 잉태된 것이며, 처음부터 그리스도의 인성을 구별하여 죄의 오염을 면하게 한 것을 의미한다.
수난 Suffering	그리스도의 전생애가(지상적 삶) 바로 수난이었음에 유의해야 한다. 그리스도는 사단의 공격, 백성의 증오와 불신, 원수들의 박해로 수난 당하셨다. 특히 수난은 육체적 패배나 고통뿐아니라 영혼의 고민과 중보적 과업에서 오는 고초, 윤리적 완전성과 의, 진, 성에 대한 열정 때문에 오는 더 큰 고난, 시험 등이 무죄자에게 닥친 수난이다.
죽음 Death (Crucifixion)	육체적 죽음을 의미한다. 그리스도는 사고사가 아니고 법정적 선고로 사형 집행되었는데 당시 로마의 재판으로는 하나님의 명의로 판결을 받았다는 것이 의미심장하다. 또한 가장 극악한 죄수에게 내려지는 십자가 처형은 유대인의 입장에서는 저주의 상징이었다. 우리의 저주를 담당하였다.
장사 Burial	그리스도의 매장도 비하의 한 부분이다. 인간이 흙으로 돌아가는 것은 죄의 형벌 중의 한 부분이다. 성경의 여러 곳에서 구주가 무덤에 머무르신 것은 비하였다고 말한다(시 16:10, 행 2:27, 31 등). 죄인은 그리스도와 함께 장사되었다고 묘사된다. 그것은 옛 사람을 떠남과 버림 또는 그 파멸을 의미한다. 그리스도의 장사는 구속 받은 자를 위하여 무덤의 공포를 제거하며, 또한 그 무덤을 성화케 하였다.

음부강하 Descent into Hades (제해석)		사도신경의 옛 문구에 "그가 음부에 내려가셨다"는 말이 있었다. 이 말에 대한 여러 가지 해석이 있다.
	로마교회	그리스도께서 죽으신 후 Limbus Patrum에 내려가 그 곳의 영혼들을 천국으로 데려가셨다.
	루터파	그리스도의 승귀의 제1단계로 보고 죽음과 부활 사이에서 흑암의 권세에 대한 승리를 미리 과시했다.
	성공회	그리스도의 영혼이 낙원이라 하는 음부에 가셔서 진리를 보다 충분히 해석하였다.
	칼빈 Inst. BKⅡ, Ⅹ.Ⅵ, 8	상징적으로 해석한다. 그리스도는 실로 지옥의 고통을 맛보셨으며, 그런 관념의 표현으로 십자가상의 그리스도의 형벌적 고난이라고 한다.
	벌코프	그리스도는 겟세마네와 십자가에서 지옥의 고통을 당하셨고, 그의 죽음의 가장 심각한 비하 상태에 들어가셨다.
부활 Resurrection	부활의 성질	죽음에서 다시 살아나 육체와 영혼이 재연합할 뿐 아니라 그리스도 안에서 그의 인성은 원래의 순수함과 힘의 완전함으로 회복되었고 더 고등한 수준으로 올라갔다. 그의 육체와 영혼은 생적 유기체로 재연합된 영체가 되었다.
	부활의 의의	마지막 원수가 멸망하고, 형벌은 치루어지고, 영생의 조건이 만족되었다는 성부의 선포이다. 또한 신자들의 칭의, 중생, 미래적 부활이 발생할 것을 상징한다. 동시에 우리의 칭의, 중생, 마지막 부활의 원인이 된다.
	잘못된 부활관	허위설: 제자들이 시체를 도적해 가고 부활했다고 선전
		기절설: 단지 졸도하였다가 다시 소생하였다는 설
		환상설: 주관적(막달라마리아) 및 객관적(제자들)
		신화설: 성경 기사는 신화이다. 고로 부활도 사실이 아니다.
		위기 신학: 부활의 역사사성은 중요치 않고 의미만이 중요하다.
	성경의 부활	예수그리스도의 부활은 역사적 사건이다. 부활된 몸은 영체(soma pneumatikon)이다. 그리스도의 부활은 신자 부활의 근거이며 원천이다. 부활은 사망 권세를 파하고 신자의 영생을 보증하는 표이다. 부활 사건은 신비한 것으로 그리스도 안에서 신자는 이미 맛보고 있다.

4. 기독론(Christology)

승 천 Ascension	승천의 의의	승천은 부활의 보충이며 완성이다. 그리스도의 지고하신 영광의 생애는 부활에서 시작하여 승천에서 완전해졌다. 그리고 승천은 보혜사 성령을 보내 주신다는 약속과 관련된다.
	승천의 성질	중보자 그리스도가 그의 인성에 의하여 인격적 존재로서 땅에서 하늘로 유형적인 올리움을 받는 것인데 장소적인 의미를 뜻한다. 그리고 그리스도의 인성이 한층 더 변화되었음을 의미한다.
	승천의 중요성	그리스도의 속죄는 하나님을 만족시켰다. 그리스도는 우주적 왕국의 중보자다. 신자들이 거할 곳을 예비하시며 신자의 승천을 예고한다. 또한 성령을 보내어 주시므로 육체로 대하는 하나님이 아니라 영으로 한꺼번에 많은 신자를 대하신다.
	루터파 의 해석	루터파는 장소적 옮김으로 보지 않는다. 오히려 한 상태의 변화로 간주한다. 인성이 편재함으로써 그리스도는 땅의 가시적 존재에서 사라진 것이다.
하나님의 우편에 앉으심 Session	주의사항	우편에 앉는다는 것은 권능과 영광의 자리를 말하는 상징적인 지시이다. 앉으심은 휴식이 아니라 지속적 통치이다.
	Session 의 중요성	교회와 우주에 대한 통치권이 주어졌다는 것. 神人으로 영광스런 공적 임직식을 가졌다는 것. 실질적으로 교회와 우주를 통치하기 시작했다는 것.
	성서의 표현들	sitting(앉으심) standing(서계심) being(계심) walking(걸어다니심) 마 26:64, 행 7:56, 롬 8:34, 계 3:21
	3직을 계속하심	왕 | 교회와 우주의 통치, 교회 보호, 권위 행사, 사단 제어 선지자 | 성령으로 성경 영감 주셨고, 설교로 백성을 교훈하심 제사장 | 완전한 제사를 성부께 드림, 중보 기도, 변호
재림 (유형적 귀환) Parousia	용어들	parousia — "presence" — 마 24:3 apokalupsis — "revealing" — 살후 1:7 epiphaneia — "appearing" — 살후 2:8
	오 해	성령 강림이 곧 재림이다(육체적, 인격적 재림 부인). 이미 성취되었다(초림 때가 완성이므로). 역사적 사건이 아니라 신앙의 사건이다. 신화적 표현에 불과하다.
	재림의 목적	세계의 심판. 자기 백성의 구원 완성. 신적 작정의 온전한 성취.

(6) 직무론(사역론;Offices)

3직에 대한 개관		그리스도의 3직에 대해서 논하는 것은 칼빈 時代 이후로 통례적이다. 인간은 하나님의 창조함을 받았을 때 그는 선지자, 제사장, 왕의 세 가지 직무를 행하도록 되어 있었다. 그러나 타락한 인간은 이 세 가지 능력을 적절히 행사치 못하므로 그리스도는 다시 회복시킬 목적으로 오셨다. 그리스도의 3직은 원초적 인간에게 이것이 필요했음을 증거한다.		
3직에 대한 제견해	Calvin	3직을 명확히 구분하고 항목별로 상세히 해설한 최초의 인물		
	Theory of Chronological Succession	공생애	선지자	
		십자가 사망시	제사장	
		하나님 우편(현재)	왕	
	Socinian	땅	선지자	
		하늘	왕	
	Ernesti (Lutheran)	그리스도의 3직은 비유다. 사역에서 3직을 구분한다는 것은 불가하며 성서에는 그런 구별이 없다.		
	Ritschl	우선적 기능(인간의 대 세상 관계)	왕의 기능	
		부차적 기능(인간의 대 신 관계)	선지자, 제사장 기능	
	Haering	3직은 소명(Calling)을 강조하는 것이다.		
	Rationalism	선지자직을 주장	그러나 현대 자유주의는 3직을 모두 부정하고 그리스도를 이상적 인물로만 본다.	
	Mysticism	제사장직을 주장		
	Chiliasm	왕직을 강조		
선지자 Prophet	구약 용어 (Terms)	나비 nabhi	"boil up" 끓어오르다	
		로에 ro'eh 호제 chozeh	"see" 보다 → 선견자(seer)	
	신약 용어	프로훼테스 prophetes	"to speak beforehand" 앞에서 말하다	
	Leon Wood의 선지자론	특별한 소명(Special Calling)과 담대함, 그리고 God-pleaser였다.(참고-요 8:29) 예수그리스도와 참선지자상은 근본적으로 일치한다.		
	선지자의 두 요소	Passive	啓示를 받는 것(꿈과 환상)	
		Active	啓示를 전달하는 것(말과 동작)	

4. 기독론(Christology) 75

선지자의 의무	하나님의 뜻을 백성에게 알려 주는 것인데 그 방법에 있어서는 교훈과 권고, 충고, 영광된 약속, 엄격한 꾸짖음 등이 있다. 또한 율법을 도덕적, 영적인 면에서 해석해 주고, 형식주의와 죄를 대항하여 싸우며, 백성을 돌이켜 하나님의 요구에 부응케 하고 미래를 위한 하나님의 영광스러운 약속에 대하여 주의를 환기시켜 주는 것이다.	
그리스도 께서 선지자로 일하신 方法	그리스도의 선지사역은 지상 생애나 공적 사역에만 제한되는 것이 아니다(Socinian은 잘못이다). 구약 시대부터 지금까지 계속되고 있다.	
	구약시대	이미 주의 천사와 같이 일하셨고 선지자들 속에서 그들을 통해 일하셨다.
	공생애	지상 선교시에 이적과 말씀으로 일하셨다.
	사도시대	사도들의 설교를 통해 성령의 역사로 일하셨다.
	현재	말씀의 선포와 신자들의 영적 조명 및 성부 우편에서 활동.
현대신학의 선지자직에 대한 입장	자유주의 신학의 두드러진 특징은 그리스도의 선지자직에 치중한다는 것이다. 구자유주의자(Renan, Strauss, Keim, Harnack, Bouset 등)들은 예수 그리스도의 교훈에만 강조하고 그리스도의 인격이나 사역에 대해서는 등한시한다. 이런 의미에서의 선지자직이란 복음적으로 별 가치가 없는 것이다. 그러나 신자유주의자(Barth, Brunner 등 신정통주의)들은 계시자요 중보자인 예수 그리스도를 언급하기는 하나 십자가 사건도 하나의 계시요, 메시지로만 보는 약점이 있다. 선지자직에만 강조함은 사실상 화목 제물로서의 그리스도를 약화시킨다.	
예수 그리스도의 선지자직에 대한 바른 해석	그리스도는 충성스런 하나님의 뜻(will)의 대언자였다.	
	그리스도는 하나님을 기쁘시게 하는 의미에서 참선지자였다.	
	그리스도는 말씀과 이적을 동반하였으므로 참선지자였다.	
	그리스도는 미래의 일을 예언하셨다. 그리고 성취되는 중이다.	
	그리스도는 권위(권세) 있는 말씀 선포로 인정 받으셨다.	
	그리스도는 어제나 오늘이나 계속해서(지금은 성부 우편에서) 일하신다.	

제사장직에 관한 성경 근거	구 약	시 110:4, 사 53장(여호와의 종=제사적 기능) 슥 6:13(특히 시 110:4→영원한 대제사장)
	신 약	히 3:1, 4:14, 5:5, 6:20, 7:26, 8:1 막 10:45, 요 1:29, 롬 3:24-25, 고전 5:7 등
선지자와 제사장의 구별	선지자	백성에게 나아가는 하나님의 대표자로 종교적 교사. 도덕적, 영적 의무, 책임 또는 특권을 강조.
	제사장	하나님께 나아가는 백성의 대표자로 중재자. 의식의 준수를 강조, 바른 접근을 교훈.
제사장 개념 (히 5:1-11)		1) 백성의 대표자로서 백성 가운데서 선택. 2) 하나님에 의해 임명됨. 3) 백성들을 위하여 하나님께 속한 일을 하였다. 4) 죄를 위하여 제물과 제사를 드리며, 중보 기도를 하였다.
제사장직의 특성 / 그리스도의 헌제사역 (獻祭事役) 의 성질		1) 罪를 위하여 제사를 드리는데 우선적인 특징이 있다. 2) 그리스도에게 있어서 중요한 특징은 제사장 자신도 제물이란 점. 3) 그리스도는 자기 희생(생명)을 통한 제사를 드렸다. 4) 구약의 여러 가지 제사에 나타난 요소들이 다 종합된 것이다. 속죄제, 속건제, 번제, 화목제 등. 5) 그리스도의 헌제사역은 단번에 드려 완성된 제사이다. 반복적으로 그리스도가 죽어야 할(로마교회) 필요가 없다.
그리스도의 헌제 사역에 대한 여러 견해들	선물설	신적 존재에 은총을 바래서 좋은 관계를 맺으려고 제물을 드린다는 것이나 왜 항상 도살된 동물이어야 하는지를 모른다.
	성례적 교제설	신성하다고 믿어지는 동물들을 경외하는 totemism에 기초. 동물의 도살과 식사는 곧 신을 먹고 거기에 동화되는 것이다.
	숭배설	죄의식보다는 신에게 의존하고 신을 존경하려는 의도를 강조한다.
	상징설	제사를 신과의 회복된 교제의 상징으로 본다. 동물의 도살은 피를 취하기 위한 것뿐이다. 피는 생명의 상징으로 하나님과의 생명의 교제를 가진다는 것이다.
	속죄설 (성경)	제사는 본래 속죄를 위한 것으로 본다. 동물을 죽이는 것은 드리는 자의 죄를 대속하는 것이다. 감사나 교제의 의미도 있지만 근본적으로 속죄의 요소가 있다. 이것은 원초적으로 가장 탁월한 요소이다.

4. 기독론(Christology)

그리스도의 대언사역 (중보사역)	그리스도의 제사적 사역은 역시 대언자로서의 역할을 함께 고려해야 한다. 지상적뿐 아니라 천상의 대제사장으로서 지금도 보혜사로서 성부 앞에서 우리를 변호(대언)하시는 것이다. 그는 대언자로서 참 성소에서 제사장 사역을 계속하신다.
대언사역자로서의 보혜사	parakletos란 保惠師로 번역되나 대언자(代言者)로도 나타난다. 엄밀한 의미에서 3위1체 하나님은 서로 다른 자기(alter ego)로서 상호간 보혜사 하나님이시다. 특히 백성을 향하여 그리스도와 성령이 대언사역자로 강조된 것은 사실이다.
그리스도의 대언사역의 성질 *매우 중요*	그리스도의 대언사역은 속죄사역에 기본을 두고 있다. 말하자면 제사적 사역의 계속이다. 단순한 대언기도만을 의미하지 않는다. 자기 백성의 축복을 위한 지속적 자기 제사를 드리며, 모든 고발에 응하시며, 사유를 확증하시며, 신자의 예배와 봉사와 기도를 성화하시며 하나님께 받아들여지도록 중재하신다.
그리스도의 대언사역의 범위	주님은 그가 구속한 모든 사람을 위해 대언하신다(모든 선택자). 루터파는 일반적 대언과 특별한 대언을 구분하나 우리는 직무적 대언사역으로서는 모든 사람을 포함할 수 없다고 본다.
그리스도의 대언사역의 구체적 내용 (대언기도)	1) 아직 그에게 나오지 않은 선택자들이 은혜의 상태에 들어가도록 2) 이미 나온 자들은 그들의 일상적인 죄들에 대해 용서 받도록 3) 믿는 자들은 사단의 고소와 시험에서 보호되도록 4) 성도들이 점차적으로 성화되도록 5) 하나님 세계와의 교제가 지속되도록 6) 성도들의 봉사가 받아들여지도록 7) 천국의 기업에 들어가도록
그리스도의 대언의 특성	연속성	과거에 객관적으로 완성하신 구세주의 속죄사역이 이제 주관적으로 매일 적용되도록 하신다. 수천만의 사람들이 그의 즉각적인 주목을 요하며, 일순간의 중단은 치명적이 될 것이다. 고로 언제나 경성하신다.
	권위성	그리스도는 은총을 애걸하는 자가 아니요(피조물이 드리는 탄원처럼) 성부에게 요구하신다.
	유효성	그리스도의 대언적 기도는 결코 실패함이 없다. 그의 속죄사역에 기초한 중보기도는 받으실만한 기도이며 언제나 유효하다. 하나님의 자녀들은 이 유력한 대언자를 모신 것에 위안을 받는다.

왕의 직분 / 그리스도가 왕이시라는 의미	영원한 성자이신 그리스도는 자연적으로 모든 피조물에 대한 하나님의 주권적 통치에 참여하신다. 그러나 이외에도 중보적 왕직이 있으니 새로운 영역의 왕이라기보다는 새로운 형식, 새로운 국면, 새로운 목적을 위한 왕이시다. 특히 하나님의 구원의 목적과 영광을 위해 천지만물을 지배하는 중보자의 직무적 능력이다.	
그리스도의 영적왕권	그리스도의 영적 왕권은 그의 백성과 교회에 대한 통치권이다. 영적왕권은 영적인 영역과 연관된다. 이것은 신자들의 마음과 생활에 설정된 중보적 통치권이다. 특히 백성의 구원과 관련된 지극히 영적인 것이다.	
	영적이란 의미	폭력이나 외부적 수단에 의해 통치되지 않고 진리, 지혜, 공의, 거룩, 은혜, 자비, 영이신 말씀과 성령으로 통치된다는 것이다. 교회의 모임과 통치, 보호, 완성하심에서 나타난다.
영적왕권의 특징	구속사역에 기초되어 있다. 창조적 사역에서 기원되는 게 아니다. 누구도 자기의 효능으로 이 왕국의 시민이 될 수는 없다.	
	이스라엘의 태(womb)로부터 영적인 왕국의 실상이 나왔다. 이 영적 왕국은 외면적, 자연적 왕국이 아니다. 중생에 의해 들어가며, 겨자씨 같고, 누룩과 같다. 진리의 왕국, 인격적 왕국이다.	
	현재적이고 미래적인 왕국이다.	
	교회와의 관계는 회원에 있어서 무형 교회의 회원권과 동일하다. 그러나 사역(활동)의 범위는 교회보다 넓다. 주의점은 유형 교회는 이 왕국의 가장 중요한 것으로 유일한 외면적 조직체란 점이다.(cf. Geerhardus Vos, 하나님의 나라와 교회)	
영적왕권의 기간	쏘시니안파	그리스도가 승천하실 때까지는 왕이 되지 못하였다.
	전천년설파	그리스도가 재림으로 천년 왕국을 건설할 때까지는 중보로서의 왕좌에 오르지 못한다.
	Dick Kuyper	그리스도의 왕직은 자기 백성을 구원하시는 일이 성취될 때 끝난다.
	하이델베르크 벨직신조	영속적인 왕직을 말한다. 성경적으로 보면 그리스도의 왕직은 본질상 영원하나 양식의 변화는 있을 것이다.

그리스도의 우주적 왕권	성경	마 28:18, 엡 1:20-22, 고전 15:27
	이 왕권은 영적 왕국인 은혜의 왕국(regnum gratiae)과 구별되는 우주적 왕국인 정권의 왕국(regnum potentiae)으로 神人의 교회를 위한 섭리적이고 재판적인 만물 통치이다.	
우주적 왕권의 성질	우주적 왕인 중보자는 각 개인들과 사회단체들, 국가들의 운명을 지도하시며, 자기 백성들의 영적 성장과 점진적인 정화와 최종적 완성을 촉진시키신다. 또한 자기 백성을 위험에서 보호하시며, 원수들을 굴복, 멸망시키며, 자기 의를 입증하신다. 그리스도의 왕직에서 사람의 본래의 왕직의 진정한 회복을 본다.	
우주적 왕권과 영적 왕권의 관계	우주적 왕직은 영적인 왕직에 도움을 준다. 죄의 세력에 있는 이 세상이 그리스도의 통제에서 벗어난다면 은혜의 왕국이 유효하게 세워질 수 없다. 따라서 하나님은 그리스도께 세상의 모든 능력과 세력, 움직임을 통제하며, 자기 백성을 위해 안전한 터전이 되게 권세를 주셨다. ━ 우주적 왕권 ━ 영적 왕권 } 그리스도의 통제하에 있음	
우주적 왕권의 기간	그리스도는 하나님 우편에 앉으심으로(Session) 우주에 대한 왕직에 정식으로 취임하셨다. 그러나 이것이 과거에 없었던 다른 권세나 권위를 받은 게 아니며, 통치의 판도가 더 넓어진 것도 아니다. 오히려 인성이 왕권에 참여했고, 세상의 통치는 현재 그리스도의 교회에 도움이 된다는 것을 의미한다. 이 왕권은 천국의 원수들에 대한 승리가 완성되고 죽음이 철폐될 때까지 계속된다. 그리고는 성부에게 반환될 것이다. 또한 인류는 구원되고 이로써 사람의 본래적 왕직이 회복된다.	
결론	그리스도의 3직	선지자 직	철저한 성부의 대언자로 말씀과 이적 사역
		제사장 직	제사장 겸 제물로 단회적인 속죄 완성
		왕직	영적, 우주적 통치로 메시야 사역 수행

(7) 속죄론(Atonement)

속죄론의 위치	그리스도의 속죄 사역은 기독론 중에서 제사장직의 사역에 속한다. 그러나 동시에 구원론에서 취급할 수도 있다. 속죄는 그리스도의 대언(중재)사역 없이는 상고할 수 없다.	
속죄의 원인	속죄의 참된 원인은 죄인을 구원하시는 하나님의 기쁘신 뜻이다.	
	주의 사항	그리스도의 동정적 사랑이 속죄의 원인이 아니다(진노의 하나님과 대조시키는 인상을 준다). 또한 속죄는 하나님의 사랑과 공의에서 그 원리를 찾게 된다.
속죄의 필요성에 대하여	필요하지 않았다	Nominalist, Duns Scotus, Socinus, Grotius, Arminian, Schleiermacher, Ritschl
	상대적 또는 가설적인 필요성	Athanasius, Augustine, Aquinas, Reformers, Seeberg, Bavinck, Honig, Zanchius, Twisse, Beza
	절대적 필요성	Irenaeus, Voetius, Turretin, Anselm, Heidelberg Catechism, Canons of Dort
	속죄의 필요성에 대한 증거들	하나님은 그의 의와 거룩에 도전하는 것을 묵과하지 않으시며, 죄는 반드시 형벌하신다. 그런데 죄인이 율법의 요구들을 만족할 수 없음에도 죄인들을 구원하기 원하신다면 대리적 만족이 필요하였다. 또한 하나님의 진정성은 형벌을 요구하며 속죄는 필요하다. 죄의 성질로 보아서도 필요하다고 본다. 무엇보다도 그리스도의 고난은 하나님이 준비하신 제사로서 역시 속죄의 필요성을 함의한다
속죄의 절대적 필요성에 대한 반대	하나님을 사람보다 못하게 만든다	속죄의 요구는 하나님을 인간보다도 편협하고 용서하기에 조건을 많이 붙이는 인자하지 못한 분으로 생각되게 한다는 것이다. 그러나 하나님이 그 기쁘신 뜻으로 구원 섭리를 가지시며 그 자신이 속죄를 행하시며 독생자를 희생하신 것이다.
	하나님의 삼위적 생활에 분열이 있다	그리스도가 독점적으로 그들의 구원의 창시자인 것처럼 말하게 된다는 사실을 들어 반대하는데, 특히 성부는 공의를 요구하고 그리스도는 인정 많은 중재자로 생각된다고 반대하는 주장이다. 그러나 3위1체는 분열이 없음을 알아야 한다.

4. 기독론(Christology)

속죄의 성질	속죄의 성질은 형벌 대속 또는 만족설(penal substitutionary or satisfaction doctrine)로 설명된다.			
	하나님께 만족을 드렸다 (속죄의 객관성)	속죄란 근본적으로 하나님의 마음을 누그러뜨려 그를 죄인과 화목케 함이다. 그리스도의 객관적 속죄는 성취된 사실이며 이에 근거하여 죄인이 속죄 받는 것이다.		
	대리적 속죄이다.	하나님은 예수그리스도를 대리자로 세워 죄인을 대신케 하셨다. 구약의 동물 제사에서 예표되었고, 이것은 긍휼의 최고 형식이다.		
	능동적 순종	영생을 얻도록 죄인을 위해 율법을 준수하신 것. 아담이 도달하지 못한 결승점에 이르게 하셨다.		
	수동적 순종	죄의 형벌을 지불하여 모든 백성의 부채를 갚음으로써 수난하신 것. 그 결과로 인간으로부터 저주를 제거하셨다.		
속죄의 목적과 범위	속죄의 목적 또는 효과	하나님과 관련하여	속죄는 불변적이신 하나님의 내적 실유에 변화를 주지 않는다. 속죄적 사랑의 대상들과의 관계에서만 변화가 있었다.	
		그리스도와 관련하여	메시야적 영광 소유, 주가 백성에게 부여하시는 은사와 은혜의 충만함. 성령의 은사와 속죄사역의 주관적 적용. 그의 통치와 유업.	
		죄인과 관련하여	루터파 알미니안파	구속의 가능성만 인정(R.C).
			칼빈파	구속의 확실성을 교훈
			속죄가 확보해 주는 것	칭의와 사죄, 양자, 기업, 신비적 연합. 교제와 성화의 행복(영생을 향유하는 궁극적 복락과 성령을 따라 삶).
	속죄의 범위	제한속죄	개혁파는 그리스도가 실제적으로 또한 분명히 선택자만을 구원하실 목적으로 죽으셨다고 한다(적용과 효능).	
		무제한 속죄	그리스도의 구원의 효능이 모든 사람을 구원하기에 충분하다고 하여 가톨릭, 루터, 알미니안파는 보편적 속죄를 주장한다.	

속죄의 범위에 있어서의 주의사항	속죄의 범위에서 주의할 점은 그리스도의 만족(보상)이 모든 사람을 구원하기에 충분했는가, 구원의 효능이 실제로 모든 사람에게 적용되는가, 구원의 신실한 제공이 믿는 자에게 행해지는가, 그리스도의 죽음의 열매가 신자와의 밀접한 교통을 하는 불택자에게 유익을 주는가 하는 문제가 아니다(모두가 인정됨).

여러 가지 속죄론

이 론	주창자	내 용	문 제 점
사단 배상설	Origen (Irenaeus)	사단에게 사람이 노예가 된 것을 그리스도가 속전을 지불, 그리스도가 신성을 인성에 감추고 사단을 속여 부활하였다.	그리스도의 속전은 사단에 대한 심판이지 배상이 아님. 그리스도의 죽음은 사단을 속이는 게 아니라 하나님의 요구였다.
총괄 갱신설	Irenaeus	그리스도는 죄를 포함하여 아담이 행한 모든 것을 그 자신 안에서 recapitulation함.	그리스도의 무죄성과 크게 위배되는 내용이다.
만족설 (상업론)	Anselm	죄는 하나님의 명예를 빼앗았다. 그리스도의 죽음은 하나님을 명예롭게 하여 죄인을 용서하게 하였다.	대리적 속죄를 무시한다. 그리스도의 죽음은 성부의 존귀를 위한 자발적 헌물이 될 뿐이다.
도덕 감화설	Abelard Schleiermacher Ritschl Bushnell	그리스도의 죽음은 죄를 속죄하는데 불필요하다. 단지 죄인이 회개하도록 마음을 부드럽게 해주는 어떤 인상을 주었다.	속죄적 사망을 부인한다. 십자가는 한낱 본보기나 자극제에 불과하다.
모범설	Socinus Altizer Unitarian	그리스도의 죽음은 사람들에게 신앙과 순종의 모범을 보여 주어 그렇게 살라고 고무하는 것이다.	그리스도를 하나의 모범적 인간으로 격하시킨다. 죄의 심각성이 무시되고 있다.
통치설	Grotius	율법은 하나님의 의지의 산물인데 변경과 취소가 가능하다. 그리스도의 죽음은 하나님이 율법을 제쳐놓고 백성을 용서케 한다.	하나님은 변화에 굴복한다. 율법이 충족되지 않는다. 죄의 지불이 없이 속죄가 있다. 구약 성도의 구원을 설명 못한다(도덕 감화설, 모범설).
사고설	Schweitzer	그리스도는 메시야 컴플렉스에 빠져 실수로 십자가를 지고 죽었다. 물론 그로서는 의도적이었다.	그리스도의 죽음을 실패로 본다. 대리적 속죄도 부인된다. 신국의 도래를 강제로 시도하였다.
대리 회개설	Campbell	그리스도는 인간을 위해 필수적인 회개를 하나님께 드렸다. 그의 사역은 용서의 조건을 만족시키는 죄의 대리적 고백이다.	단지 죄의 고백과 기도로 속죄가 설명될 수 없다. 그리스도는 대리적으로 형벌을 받은 점을 간과한다.

(8) 사도신조에 나타난 그리스도(우리 주 예수그리스도)

사도신조 (사도신경)	성경은 하나님이 인간에게 주신 말씀이나 신앙 고백(신조)은 인간이 하나님께 고백한 응답이다. 가장 오래된 신조는 사도신조인데(4세기 이전) 지금도 사용되고 있다.		
사도신조의 특징과 장단점	사도신조는 3위의 순서와 교회 및 성도의 교통과 속죄, 부활, 영생을 고백한다. 이 순서는 칼빈을 비롯한 많은 교의학자들의 신학 저술에 지대한 영향을 주었다. 표현이 간략하나 성경을 잘 요약하였다. 그러나 너무 단순한 내용이므로 여러 가지로 해석할 수도 있다.		
성령으로 잉태하사	마 1:18, 20 눅 1:35		예수그리스도의 기원은 하나님께로부터 비롯된다.
동정녀 마리아 에게 나시고	사 7:14 (창 3:15) 마 1:23		참사람 되신 예수를(人性) 고백한다. 道成人身
본디오 빌라도 에게 고난을 받으사	막 15:15 눅 23:3 요 18:33-19:22		그리스도의 고난은 역사적 사실이었음을 강조한다.
십자가에 못 박혀 죽으시고	마 27:38, 27:5 고전 1:23		저주의 상징인 나무 십자가의 죽음은 대리속죄의 제사장적 죽음이다.
장사한 지 사흘 만에… 다시 살아나시며	마 17:23, 28:6 고전 15:4 눅 24:46 롬 1:4 계 2:8		죽음의 확실성을 나타내는 장사와 영생 보증의 부활로서 복음의 능력을 표현하였다.
하늘에 오르사	히 1:3 행 1:6-11 요 6:62 14:2		승천은 그리스도의 속죄사역이 성부께 열납되고, 성령을 보내심을 만든다.
전능하신 하나 님 우편에 앉아 계시다가	마 26:64 행 2:33-36 엡 1:20-22, 계 3:21		이것은 그리스도가 여전히 메시야직을 하늘에서 권능 가운데 수행하심을 뜻한다.
저리로서	from thence (거기로부터)		주기도문의 "대개"(For)는 "왜냐하면"이고 사도신조의 "저리로서"는 하나님의 "보좌로부터"이다.
산 자와 죽은 자를 심판하러 오시리라.	히 9:27-28 요 5:27-29, 살후 1:8 롬 2:16, 벧전 4:5		재림하실 때 그리스도는 공의로운 심판을 하시며 모든 사람을 행위대로 심문하며 보응할 것이다.

(9) 그리스도의 현재적 역사

하나님 우편에 앉으신 그리스도	예수그리스도는 하나님 우편에 앉으시므로 교회와 우주의 통치권을 받으시고, 神人으로서 공식적인 주관자에 취임하셨다. 그리스도는 지금도 능동적으로 그의 중보적인 사역을 계속하신다.	
중보 기도	구원의 확실성을 위해 (롬 8:34, 히 7:25)	
	교제의 회복을 위해(범죄시) (요일 2:1)	
	성령의 열매 맺기를 위해 (요 15:1-7)	
	처소를 예비하시고 성령으로 안위하심 (요 14:1-29)	
교회를 세우심	교회 설립, 성장 (고전 12:12-13, 행 2:47)	
	교회의 머리로서 교회를 인도 (골 1:18, 엡 5:23-26)	
	교회를 보양하심 (엡 5:29-30)	
	교회를 정결케 하심 (엡 5:25-27)	
	교회에 은사를 주심 (엡 4:11-13, 고전 12:4-11)	
3직 수행	왕	성령으로 교회를 통치, 보호, 직분자를 사용하신다. 천사를 부리시며, 축복을 전달하고, 모든 권위를 행사하신다.
	제사장	완성된 제자를 하나님의 사죄의 은혜 수여의 기초로 제시한다. 그리고 헌제사역의 계속적 적용을 하시며, 칭의와 성화가 유용케, 기도와 봉사가 성화, 열납되게 하신다.
	선지자	성령으로 예언사역을 계속하신다. 설교와 전도, 신자의 마음과 생활에 말씀이 유효하게 역사하도록 하신다.

5. 성령론(Pneumatology)
(1) 성령론의 역사

사도신조적 미흡한 이해 (기독교 초기 시대)	신약 성경에 나타난 성령론은 풍부하고 심오하나 그 진리를 발견하고 고백, 표명하는 데 있어서 기독교 초창기에는 미흡하였다. 사도신경에 나타난 것처럼(baptismal formula의 3위일체적 표현에 불과) 불만족스러웠다. 이 시대에는 성령의 교리보다는 성령의 체험이 더욱 강하였다.
몬타누스 (150)	성령론에 극단적인 강조를 보인 것은 초대 교회의 이단인 몬타누스파였다. 제도적 교회의 경직성에 반발하여 일어났는데, 요한복음을 강조하고 자신을 보혜사로 자처했다.
사벨리우스 (215)	양태론자인 사벨리우스는 성령을 단지 성부의 나타나는 다른 모양(modus)으로 보았다. 이러므로 이단자가 되었지만 교회로 하여금 성령과 아버지, 성자와 성령, 성부와 성자와의 관계를 진지하게 연구하도록 자극하였다.
아리우스 (325)	성령을 아들에 의해 창조된 제1의 존재로 보아 피조물로 격하시켰다. 사실은 성부를 제외하고 성자, 성령이 모두 피조적 존재로 인정되고 있다. 여호와의 증인과 같다.
콘스탄티노플 회의 (381)	Macedonian의 Pneumatomachian 입장은 성령의 신격을 부인하므로 Gregory of Nazianzus의 주도하에 열린 회의에서 "아버지께로 나오시는 성령, 곧 주님, 생명의 부여자—그 분은 선지자로 말씀하시고, 아버지와 아들로 더불어 영화로우신 분임을 믿나이다"라고 선언하였다(성령의 신성 확립).
어거스틴 (354-430)	어거스틴은 성령의 신성을 인정하며, 각 위(位)의 독립된 인격과 본체의 동등한 권위를 말했다. 성령은 성부와 성자로부터 나오신다. 성령의 은혜는 유효하며, 성령의 은혜 없이는 인간이 자기 의지로 선행을 할 수 없다.
칼케돈 회의 (451)	칼케돈 회의는 그리스도의 양성 교리를 확립하였던 중요한 신조(칼케돈 신조)를 산출하였다. 이 회의에서는 사도신조와 니케아 및 콘스탄티노플의 결정을 보존하고 성령의 신성을 재차 확인하였다. 그러나 자세한 설명이 없다.

톨레도 대회 (589)	성자의 신성은 Nicea에서, 성령의 신성은 Constantinople에서 확립되었다. 그러나 성령이 성부와 성자에게서 나오신다(filioque)는 것은 Toledo에서 이루어졌다.
아벨라르드 (1079-1142)	성부는 능력, 성자는 지혜, 성령은 선을 의미한다고 하였다. 양태론적 경향에 빠져 있다.
토마스 아퀴나스 (1227-1274)	스콜라 신학은 성령론에 이바지한 것이 없다. 토마스는 기존의 정통 교리인 3위1체론을 인정한다는 의미에서 성령을 인식하였을 뿐이고 오히려 인간의 이성을 높이는 경향이었다.
종교 개혁 (1517)	개혁자들은 성령의 인격뿐 아니라 사역에도 주의를 환기시켰다. 특히 중생의 역사를 많이 말한다. 칼빈은 성령의 내적 증언으로서의 조명을 강조한다. 그리고 filioque도 인정하고 있다.
쏘시니안과 알미니안파 (1560-1600경)	성령을 하나님으로부터 인간에게 나오는 덕이나 에너지처럼 보는 것이 쏘시니안파이다. 알미니안은 성령의 역사보다 인간의 의지와 노력을 더욱 중시한다.
존 오웬 (1616-1683)	퓨리탄 신학자인 오웬의 저서 Discourse Concerning the Holy Spirit에서 성령론의 발전된 모습이 나온다. 종교 개혁의 원리가 성령과 관련하여 나오고 신자의 생활과도 연관되어 다루어졌다.
아브라함 카이퍼 (1837-1920)	카이퍼는 성령의 일반 은총을 강조하되 하나님의 우주적 주권과 각 영역에서 역사하시는 성령의 활동을 말한다. 그러나 구속론적으로도 잘못이 없다.
플리머스 형제단 (1825)	성령의 조명, 성령의 역사에 의한 그리스도 안에서의 신자들의 위치에 대해 분명하게 제시하였다.
신정통주의 (Barth)	바르트는 성령을 하나님의 3존재 양식에서 파악하되 신성은 믿는다. 성부와 성자가 성령의 근원이다. 성령은 성부와 성자간의 사랑의 영이다.
신자유주의	성령을 하나님의 한 기능으로 보고 있다. 인격자로서 구별된 quality를 부인한다.
오순절주의	성령 세례와 사도행전적 성령 체험을 강조한다. 그리하여 방언과 신유 등 이적주의로 기울어지고 있다.

(2) 성령의 명칭

명 칭	강 조 점	성 경
한 성령	성령의 유일성	엡 4:4
일곱 영	성령의 완전성, 편재성 및 충족성	계 1:4, 3:1
주 성령(주의 영)	성령의 주권성	고후 3:18
영원하신 성령	영원성	히 9:14
영광의 영	영 광	벧전 4:14
생명의 성령	생명성	롬 8:2
성결의 영 성 령 거룩하신 자	거 룩	롬 1:4 마 1:20 요일 2:20
지혜로운 영 지혜와 총명의 신 지식과 모략의 신	전지, 지혜, 모략	출 28:3 사 11:2
권능의 신	전 능	사 11:2
여호와를 경외하는 신	존귀성	사 11:2
진리의 영	진실성	요 14:17
자유의 영	주권적 자유	시 51:12
은혜의 성령	성령의 은혜	히 10:29
은총과 간구하는 영	은혜와 신뢰, 탄원	슥 12:10
선교의 영	명칭은 없으나 내용적으로 그렇게 부를 수 있다. (보내심)	행 13:2-5

명 칭	강 조 점	성 경
하나님의 영 (성령)	신적 기원	엡 4:30 고전 3:16
주 여호와의 신	메시야 사역 부여	사 61:1
그리스도의 영	그리스도와 같이 구속 사역	롬 8:9
아들의 영 (양자의 영)	하나님의 자녀임을 확신	갈 4:6 롬 8:14-15
예수의 영	예수와 동일한 선교사역	행 16:7
성 령	본질적인 의미에서	눅 11:13 벧전 1:2
소멸하는 영	심판과 정결케 하심	사 4:3-4
약속의 영	하나님의 선물 및 언약	엡 1:13 행 1:4-5
보 혜 사 Parakletos	Helper, Counsellor, Teacher, Advocate, The Other Self, Comforter, etc.	요 14:26, 15:26
인치심의 성령	하나님의 선택적 권위 하나님의 소유	고후 1:22 엡 1:13, 4:30
보증의 성령	성도의 기업과 상속	고후 1:22, 5:5
성신 나의 신	성령 자신의 성품 (하나님 자신)	시 51:11 창 6:3

(3) 성령의 신성 도해

		성령이 하나님이시며 인격자이신 증거(신적 인격)		
성령의 속성에서 증거	영원성 편재성 전능성 전지성	히 9:14 시 139:7-10 눅 1:35 고전 2:10-11		
3위1체의 견지에서 증거	천지 창조시	창 1:1	요 1:3	창 1:2
	거룩하심	레 11:44	행 3:14	마 12:32
	사 랑	요일 4:8	롬 8:37-39	갈 5:22
	진 리	요 3:33	요 14:6	요 14:17
	구 분	父	子	靈
성령의 역사가 하나님의 역사임	천지 창조 죽은 자를 살리심 중생케 하심 세상을 책망 귀신 쫓음 말씀의 계시, 예언	창 1:2, 욥 26:13, 시 104:30 요 8:11, 6:11 요 3:5-7 요 16:8 마 12:28 벧후 1:21, 삼하 23:2-3		
성경에서 하나님과 성령을 동등시함	세례를 3위 이름으로	마 28:19		
	하나님과 성령께 거짓말 함이로다	행 5:3, 4		
	같은 내용의 비교	사 6:9-행 28:5 출 17:7-히 3:7-9 렘 31:33-히 10:15-16		
인격자 성령 하나님	교제(교통)하심	고후 13:13		
	예배의 대상 성령의 음성이 교회 인도	계 2-3장, 고전 14:26 엡 5:18, 골 3:16, 행 13:2		
	인격을 나타내는 인칭대명사 사용	요 15:26, 요 16:7-8 요 16:10-14		
	인격적 요소들	계 2:7, 롬 8:26, 요 14:26 요 16:13, 행 16:6-7, 엡 4:30 등		

(4) 성령의 사역(Works)

성령의 사역의 중요성	예수 그리스도가 육신으로 계실 때에는 한번에 한 장소와 소수의 사람과만 상대하셨다. 그러나 승천하시고 보혜사 성령을 보내 주심으로써 한번에 전세계 교회와 성도들을 만나시며 동시적인 역사를 하신다.	
성령의 사역의 본질	성령은 예수의 영이니만큼 예수그리스도 자신이 하신 것과 꼭같은 일을 한다. 그 일은 성부가 원하는 일이므로 3위1체적 사역이다. 성령은 예수를 주로 높이는 사역을 한다.	
성령의 사역들 (분야)	일반 은총의 방면	구원론 참고(우주적 역사).→ 마 5:44-45, 행 14:16-17
	천지 창조	창 1:2; 시 104:24-26
	그리스도의 탄생	마 1:20-23
	성서의 영감	벧후 1:21, 딤후 3:16 사 34:16-17, 행 1:16
	중 생	딛 3:5, 요 3:6-8
	중보 기도	롬 8:26
	성 화	살후 2:13
	성도를 도우심	요 14:16 (롬 8:26)
	성도를 가르치심	요 14:26
	불신자를 책망하심 (Elenctics)	요 16:8-12(cf. 행 2:14-38)
특별연구과제 * 하나되게 하심(엡4장) 과 은사주심 (고전 12장)	구원을 이루심	요 3:3-5, 요 14:16-20
	교회를 세우시고, 통치, 봉사, 인도, 보호, 승리케 하심	행 20:28, 고전 3:16, 6:19 요 16:13, 엡 2:22 엡 4:12, 빌 3:3, 롬 8:37
	전도(증인)의 능력	행 1:8, 행 13:4

(5) 성령에 대한 표현들

상 징	성 경	내 용
능력으로 옷 입음	눅 24:49	하나님께서 능력을 주신다는 의미. 개인의 약점을 덮으시고, 그대신 하나님을 대표하는 표시로 예복의 기능을 갖는다.
비둘기	요 1:32	아름다움과 온유, 평화, 天的 본성과 기원, 순결, 무해 등을 의미한다.
보증(금)	엡 1:13-14	성령 자신이 구원의 보증이다. 신분, 기업, 구원에 대한 보증이다.
불(혀)	행 2:3	뜨거운 심령과 복음 증거
기름	눅 4:18 행 10:38 요일 2:20, 27	권능, 권위, 구별, 임재의 느낌 등을 강하게 표현
인침	고후 1:22 엡 1:13, 4:30	보장, 안전, 소유권, 권리, 인정, 비밀, 확증
물 (생수의 강)	요 3:5 요 7:37-39	말씀과 함께 역사하신다. 능력, 풍성, 정결케 하심.
바람	요 3:8 행 2:1-2	임의로운 주권성, 끊임없는 역사, 강력한 힘, 신비성
비	호 6:3 시 72:6	하나님의 임재에 대한 묘사
새 술	행 2:13	성령 충만을 보고 비평한 말
호 흡	요 20:22 (딤후 3:16)	생명의 능력 하나님의 입김

(6) 성령과 그리스도와의 관계

이 문제의 의미	그리스도가 성령에 의하여 탄생하셨고, 사역하셨고, 성령을 아버지로부터 보내시며, 성령은 그리스도의 영으로 불리웠다는 점은 삼위일체의 통일성을 강조한다. 그리고 전적으로 성령은 그리스도가 주되심의 객관적 사실에 대한 보증이요, 대치이며, 성령은 예수 자체, 하나님 자체시다.
성육신과 동정녀 탄생	성령은 잉태의 행위자시다. 그리스도의 몸의 준비는 아버지 하나님의 역사였는데 신비한 성령으로의 잉태였다. 그리하여 무죄한 인성을 가지셨다.
생애 전반	탄생(마 1:18-21), 성장(눅 2:40), 세례(눅 3~4장), 사역(행 10:38, 마 12:28), 시험(마 4:1 이하), 죽음(히 9:14), 부활(롬 8:11) 등
세 례	성령 사역의 새로운 단계가 시작되었다. 그리스도의 본질 변화는 없으나 성령 사역의 가견적, 외적 역사가 시작된다.
이 적	그리스도는 제2위신의 위치에서도 능력을 행하실 수 있으나 차라리 생명의 능력 안에서 행하시기를 기뻐하셨다.

	자연계 이적	우주(창조)의 주	5병2어, 해상보행, 파도진정
	치료의 이적	생명의 주	질병.치료, 귀신 쫓음, 불구 소생
	영적 이적	구원(부활)의 주	사죄권, 정죄권, 신앙(중생)

고난과 죽음	성령의 역사는 그리스도의 십자가 고난과 관계되어 있을 뿐만 아니라 하나님의 사랑으로 그리스도의 인성을 도우며, 잘 순종하시도록 돕고 섬겼으며, 격려하고 용기를 불어 넣어 주셨다.
부활과 영화	성령의 독특한 사역은 창조와 부활이며, 특히 그리스도의 부활은 성령의 사역에 속한다. 또한 성령께서는 그리스도와 성도의 영화에도 관여 하신다.
성령은 곧 그리스도의 영	3위의 인격적 구별로서는 성령이 그리스도와 구별되나 사역적 면에서와 신자와의 관계에서는 성령이 바로 그리스도라고 생각하는 것이 가장 지혜로운 이해이다.
Calvin의 정의	the Holy Spirit is the bond by which Christ effectually unites us to himself(INST. BK. III. 1:1).

(7) 성령의 내주와 충만

성령론의 큰 과제	성령론에서 가장 어려운 문제는 성령으로 거듭나는 일(중생)과 성령 세례가 같은지 다른지와 성령 충만이 바로 성령 세례인지, 아니면 그 결과인지를 정리하는 일이다.	
오순절 성령강림의 의미	오순절 성령강림은 구약적 성령 역사와 어떻게 다른가? 이 점에 대하여 양적인 풍성, 사역의 확대, 보다 주도적인 역할 등으로 보나 근본적인 초점은 제3위 신의 인격적 임재와 지상적 관계의 변화, 그리고 구속사적 중요성에서 찾아야 한다.	
용어의 혼란	성령내주(내재)를 중심으로 보고, 충만을 성령세례로 보는 입장, 내주와 성령세례, 충만을 구분하는 입장, 중생이 곧 성령세례라는 입장 등 다양하여 용어 자체가 무엇을 의미하는지 신학자 사이에서도 혼동되고 있다.	
성령세례에 대한 견해	로마 가톨릭	각 교회 구성원이 입문성사 받은 게 성령세례이다(신학적 의미). 그러나 입문성사 때 받은 성령이 의식적으로 체험되는데 이것은 또 하나의 세례가 아니다(체험적 의미).
	오순절파 (하나님의 성회)	중생과 성령세례(성령 체험)는 다르다. 중생했어도 성령세례를 받지 못한 경우가 있으니 힘써 받아야 된다.
	성결교회 Evagelical or Holiness Church	중생은 성령이 죽은 영혼을 소생시키는 사역이요, 성결은 성령으로 기독자가 완전한 거룩과 헌신에 이르게 하는 특별한 은혜인데 성결의 은혜까지 받아야 온전한 성도이다.
	기혁파 및 대다수의 개신교회	중생하는 순간 성령의 세례를 받은 것으로 인정한다. 성령 세례 받은 성도가 성령 충만하게 되는 것은 안에서 밖으로의 전환이다 (H.Berkhof).
연구할 과제	성령 세례라는 또 하나의 체험이 성서적으로 타당한가? 그리고 중생을 성령 세례로 보아야 하는가? 성령 충만과 성령 세례를 같은 것으로 보아도 되는가(단회성과 반복의 문제)? 성령의 내주하심 후에도 멸망할 수 있는가? 성령 충만은 신, 구약에서 어떤 차이가 있는가? 성령 충만의 본질은 무엇인가?	

(8) 성령의 은사(Gifts)

정 의	성령의 은사는 하나님의 은혜를 따라 그리스도의 몸의 모든 지체에게 성령에 의하여 주어진 특별한 속성으로서 그리스도의 몸 안에서 사용하도록 된 것이다.(C. P. Wagner)		
성령의 은사와 자연적 재능과의 차이점	구 분	자연적(타고난) 재능	성령의 은사
	기 원	부모를 통해 하나님이 주심	하나님이 직접 주심
	획 득	출생시	회심 또는 성령 충만 때
	목 적	일반적으로 인류에 유용성	영적으로 섬기는 일에 능력
	과 정	인식되고 개발되고 사용	인식되고 개발되고 사용
	기 능	(하나님의 영광과) 각양 활동	하나님의 영광과 교회 봉사
성령의 열매	성령의 열매는 성도의 사람됨에 의해서 맺어지는 것으로 갈 5:19-23에 나타나 있다. 성령으로 거듭나고 성령을 따라 사는 자는 인격적인 열매로 갈 5:22의 영적 과실을 맺으며, 신앙적 열매로 예수를 높이며(고전 12:3), 사명적 열매로 그리스도의 증인이 된다(행 1:8).		
은사의 구분과 종류	직분적인 구분	영구적 은사	복음전도자, 목사, 교사
		일시적 은사	사도, 선지자
	사역적인 구분	목회적 은사	가르치는 일, 권면, 지도력, 지혜, 지식, 믿음, 행정 목사(목회자), 중보기도
		선교적 은사	복음 전도, 순교, 선교사, 귀신 추방, 영분별, 기적, 신유
	기 타	특별한 은사	예언, 방언(통역), 독신
		성숙한 섬김의 은사	섬기는 일, 헌금, 긍휼, 서로 돕는 일, 대접하는 일, 자원적 궁핍
주의해야 할 거짓 은사들	안찰/영서/예언 기도/투시/입신/진동/천국 간증		

(9) 성령과 선교(Holy Spirit and Missions)

선교의 영	행 1:8 행 13:2-5	성경은 선교의 책이며, 선교 목적으로 기록되었으며, 성령의 능력과 보내심으로 선교가 가능하게 된다.
선교에서 성령의 중요성	성 경	눅 24:49, 행 1:4 (성령의 권능은 필수적)
	일반은총면	죄의 억제, 질서 유지, 구원의 길 예비, 책망, 신(종교)의식
	특별은총면	영혼 구원과 교회 설립, 확장, 선교열, 은사 부여
사도행전의 증거		초대 교회의 선교 역사는 행 1:8의 말씀대로 성령께서 하신 선교가 베드로와 바울 등을 통해 전개된 것뿐이다. 특히 바울은 선교사의 은사로 일하여 이방인 선교의 영구한 모델이 되었다. 그러나 바울 선교도 성령의 역사로 일관되었다. 행 13:3-4, 9, 14:3, 16:6-10, 17:16-31, 19:6-7, 20:22-24, 롬 15:18, 살전 15
성령과 선교사의 은사		모든 신자가 전도의 사명이 있으나 아무나 타문화권에 가서 선교를 할 수는 없다. 타문화권 선교사는 특별한 은사가 필요하다. 선교사의 은사는 성령께서 제2의 문화권에서도 전도 활동을 잘 할 수 있도록 주신 특별한 역량이다.
바울의 예로 본 성령과 선교	성 경	엡 3:7, 행 9:15, 고전 9:22, 고전 2:1-5
	베드로와의 비교	베드로는 사도의 은사는 있었으나 선교사는 아님
	열 매	이방인의 회심, 교회 설립과 확장, 주께 영광
성령의 은사와 선교소명의 관계	은사와 소명	하나님이 소명을 주신 경우 은사도 함께 주신다 (병행).
	은사의 발견	강한 욕구(소원), 관심, 환경의 징조, 열심, 열매
	성령의 선교열	하나님의 열심은 메시야를 보내셨고 교회를 세우시며 선교케 하신다.
이적과 선교적 시각	K.S.Latourette	신약의 가장 강력한 impression은 이적이다.
	H. Kane	진리 선포와 이적의 나타남이 선교지에서 필요하다.
	요 7:31	그리스도께서 오실지라도 그 행하실 표적이 더 많으랴?
	마 4:23	가르치시고 전파하시고 고치시더라(신유이적).

6. 구원론(Soteriology)

(1) 구원론 개요

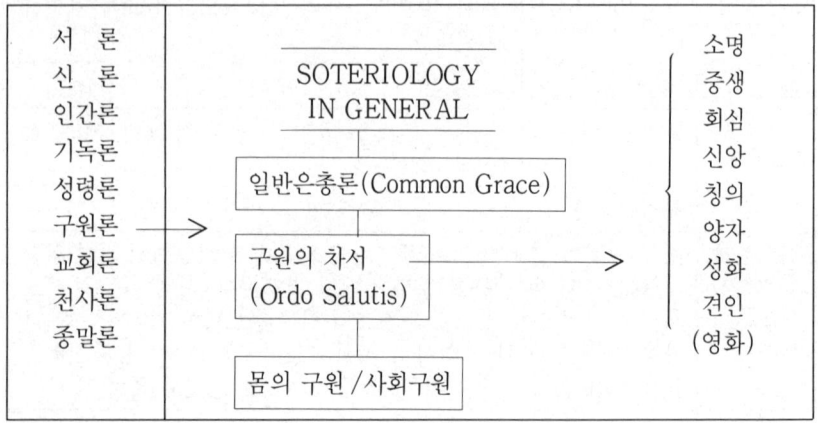

(2) 일반 은총론

은총 (은혜) 에 대한 용어의 정리	일반 은총 또는 보통(보편) 은혜 (Common Grace)	죄인을 구원하는 은혜는 아니지만 특별 은혜로 구원 가능하도록 배경이 되는 우주적, 일반적 은혜이며, 선인과 악인 모두에게 내려지는 축복이다. 성령의 일반적 사역을 나타낸다.
	특별 은총 (Special Grace)	택자에게만 주어지는 구원의 은혜를 말하며 gratia particularis라고도 한다.
	유효한 은총 (Efficacious G.)	특별 은총에 대한 다른 이름으로서 죄인을 구원하기에 효력 있다는 의미에서 사용된다.
	선행 은총 (Prevenient G.)	하나님의 은혜는 앞서는 것이므로 이 용어가 합당하게 쓰일 수 있으나 Wesleyan이 사용할 때는 구원을 수납할 수 있도록 의지의 회복이란 면에 착안한다.
	충분한 은총 (Sufficient G.)	본질상 하나님의 은혜는 충분한 것이다. 그러나 온인류가 다 믿도록 충분하게 주어진 것으로 보는 입장도 있다.
	항거할 수 없는 은혜 (Irresistible G.)	칼빈주의 5대 교리에서 사용하는 술어이지만 은혜의 신적 성격을 표현해 준다.
	주입된 은총 (gratia infusa)	로마 교회의 2원론적 개념에서 빼앗긴 바 된 초자연적 은사를 회복 받는 방법으로 제시된 은혜를 말한다.

6. 구원론(Soteriology)

일반 은총과 특별 은총의 비교	일반 은총	성령의 일반적 사역은 창조에 근거를 두고 피조물의 성장과 완성을 보증한다. 자연과 인간 생활의 기성 질서에 속한다. 세상의 모든 학문, 과학, 예술을 다 포함한다.
	특별 은총	오직 선민에게만 해당되며 창조 사역만으로는 설명할 수 없다. 예수 그리스도 안에서 계시된 은혜로서만 설명하게 되는 사물의 새 질서를 소개하는 일이다.
일반 은총에 대한 정의들과 관점들	Berkhof	성령의 일반적 사역으로 마음을 갱신하는 것은 아니지만 인간을 도덕적으로 감화시켜, 죄를 제재하시며, 사회 질서를 유지하시며, 시민의 정의를 증진시키신다. 이것은 하나님의 일반적 축복이다. 모든 사람에게 구별이 없다.
	Charles Hodge	모든 인간의 마음속에 나타나시며, 진리를 굳게 주장하시며, 죄악을 억제하시고, 선을 격려하시며, 지혜와 능력을 배분하시며, 시간과 장소와 경우를 막론하고 역사하신다.
	Kuyper	하나님이 세계의 생활을 유지시키며 그 위에 놓여진 저주를 경감하고, 타락의 진행을 억제하며, 하나님을 창조자로서 영화롭게 하는 생활의 방해 받지 않는 발전을 허용하는 은총이다.
	Bavinck	비록 이스라엘(선민)에게도 일반 은총이 넘쳤으나 주로 특별 은총은 이스라엘, 일반 은총은 이방인에게 주어졌고(구약) 신약 시대에는 서로 유기적 관계를 이루다가 마침내 서로 하나가 된다(재림시).
	Masselink Hoeksema	일반 은총 교리는 Arminianism에 이르는 디딤돌 역할을 하며, Romanist의 자연신학으로 인도하기 때문에 우주론적으로 전개하는 은총론은 합당치 않다.
	Walvoord	구원 받지 못한 불신 세계에 대한 성령의 전 사역이 일반 은총이다. 이것은 성령의 복음 선포와 계시의 사역에 부가하여 그의 제어 혹은 통제의 사역을 포함하고 있다.
	Calvin	일반 은총은 성령이 인류의 일반적인 유익을 위해 그 뜻대로 나누어 주시기를 기뻐하는 가장 놀라운 은혜다. 하나님은 모든 피조물을 소생시키고, 운행하며, 보호하고 채우신다(오홀리압과 브사렐을 예로 든다).
	Kuiper	일반 은총은 셋으로 구분한다. 모든 피조물에 미치는 우주적 일반 은혜(Universal C.G.), 모든 인류 개개인에게 적용되는 보편적 일반 은혜(General C.G.), 택자건 아니건 계약의 영역 속에 살고 있는 모든 사람에게 보편적인 계약적 일반 은혜(Covenant C.G.)이다.

	구 분	영적인 면	역사하는 방법	저항성
일반 은총과 특별 은총의 차이점	C. G.	영적 변화를 못줌	이성적, 도덕적 방법 자연적 욕망에 호소	저항할 수 있음
	S. G.	영적 변화를 줌	영적, 창조적 방법 인간의 전성질의 갱신	저항할 수 없음
일반 은총의 내용	선한 선물들	시 145:9	하나님의 좋은 것들(약 1:17)	
	태양과 비	마 5:45	무차별한 자연적 축복	
	자비하심	눅 6:35	악한자에게도 베푸신 것	
	땅의 음식들	행 14:17	땅의 소산물들과 인생에 주신 것	
	구원자의 준비	딤전 4:10	모든 사람에게 부여된 기회	
	세속적 재능, 학문적, 예술적 기타의 능력	창 4:21 출 31:3-6	이방 세계에까지도 각양 재능과 기술과 학문을 주셨고, 주의 일에 사용되기도 한다.	
	죄의 억제	살후 2:7	선지자나 정부 제도, 또는 직접적으로 죄를 제재한다.	
	진리에 대한 증거	요 16:8-11	죄인을 책망하며, 의와 심판에 대해 증거한다.	
	문화 발전의 축복	창 4:16-22	창 1:28의 文化命令은 모든 종속에게 주신 은혜이다.	
	신의식	롬 1:19-20	하나님의 존재에 대한 자연적, 본능적 인식	
	사회적 질서 도덕, 통념	눅 6:33 롬 2:14-15	인간 세상의 사회적 풍속과 관념들은 죄로 물든 경우도 있으나 어느 정도는 삶을 바로 인도한다.	
	역사 섭리	단 2:37-45	우주적 역사 섭리, 국가의 운명	
	예비적 사역	행 16:26-28 행 17:22-23	구원의 길이나 예수 그리스도의 보혈의 효과 있게 준비한다.	

6. 구원론(Soteriology)

일반 은총과 그리스도의 속죄 사역	Kuyper는 관련성을 부정한다. 그리스도는 창조의 중보자로서 세상 모든 사람에 비추는 빛인데 이것이 일반 은총의 원천이라 한다. 즉 창조 사역에서 비롯되는 것이 일반 은총의 축복이라 한다.	
	Berkhof는 여기에 비판을 가하면서 은혜 계약은 영적, 물질적 축복인데 물질적 축복은 불신자에게도 해당된다는 것이다. 그리스도의 속죄 사역은 간접적으로 인류에게 일반적 축복들을 주었으며, 일반 은총은 그 속죄 사역을 효과있게 한다.	
일반 은총과 특별 은총의 관계	두 은총은 정도의 차이일 뿐이다. 질적인 차이는 없다(Arminian). 구원 ← 은혜 ← 예정 (Reformed) (S.G.) ↖ 일반 은총 (충분한 은혜) (Arminian)	
	두 은총은 질적으로 다르다. 특별 은총은 초자연적, 영적이나 일반 은총은 자연적이며, 어떤 경우에 밀접한 관계는 있지만 죄를 없애지는 못한다. 일반 은총은 죄의 억제와 도덕성 함양 및 사회 질서, 시민적 의, 과학과 예술의 발달 등을 촉진하므로 전연 다른 분야의 일을 한다(Reformed).	
	논리적으로는 특별 은총이 일반 은총보다 우선적이고 중요하다. 그러나 실제에 있어서는 어느 것이 앞선다고 말할 수 없고 병행적이다.	
	일반 은총은 특별 은총을 돕는다. 하나님의 구원 섭리에서는 일반 은총이 부수적이다. 그러나 일반 은총은 독립적인 영역이 있다(문화의 영역).	
일반 은총의 방법(수단)	하나님의 계시의 빛	일반 계시 또는 자연 계시를 의미한다.
	정부	인간의 방탕을 억제하고, 선한 질서의 증진
	여론	하나님의 율법과 일치하는 여론은 일반 은혜다.
	하나님의 형벌과 상급	현세에서 죄는 벌하시고, 외면적으로 율법과 일치하는 행위에는 상급을 주신다. 권선 징악에 유용한 일반 은혜의 역사이다.
일반 은총의 효과	형의 집행 유예	죄인을 즉시 멸하지 않고 회개의 기회를 주심
	죄의 제재	개인 및 사회 생활에서 죄는 억제 받고 있다.
	진리, 도덕, 종교 의식	진, 선, 미, 도덕성, 종교성(하나님 의식)
	세속적 의	영적 선행은 아니나 외면상 율법과 일치하는 선과 의
	자연적 축복	타락했음에도 하나님은 인류에게 선하심을 베푸신다.

	일반 은총론에 대한 반대 견해들
Arminian의 반대 입장	알미니안은 일반 은총을 구원 과정의 필수적인 부분으로 보고, 그것은 인간이 예수그리스도를 믿고 회개하게 해주는 충분한 은혜라고 한다. 물론 인간이 그 은혜를 거부할 수도 있다.
보편 속죄론을 주장하게 된다는 반대 입장	일반 은총론은 보편(만인) 속죄론으로 나아갈 우려가 있으므로 결국은 universalism에 떨어진다는 견해가 있다. 그러나 복음이 만인에게 전파되어야 한다는 것은 만인이 속죄 받아야 한다는 의미가 아니다. 돌트신조는 이 점을 분명히 하고 있다.
유기자들에게도 하나님의 은혜를 주게 된다는 반대입장	이 견해는 하나님의 영원한 뜻(counsel), 다시 말해서 하나님의 선택과 유기라는 데에 출발점을 두고 유기자에게는 아무 은혜도 없다는 독단적 이원론의 가설에서 나온 것이다. 그러나 성경을 깊이 보지 못해서 그런 것이지, 일반 은총의 내용은 하나님의 내적 의지를 분리하지 않는다.
재세례파와 경건파 및 Barth 의 반대 입장	재세례파는 자연적 질서는 모두 부패했고 거기에는 어떤 선도 없다는 신조에 따라 일반 은총을 거부한다. 구원의 은혜 외에는 아무 다른 은혜가 없다고 한다. Labadists, Pietism, Moravian 같은 종파들도 이와 같은 입장에 서 있었고, 신정통주의자 바르트도 일반 은총을 거부했다.
	선교학에서의 일반 은총론이 지니는 중요성
Elenctics	타종교인에 대한 복음 전도시에 접촉점으로 연구된다.
J.H.Bavinck	비기독교인에게도 하나님 관념이 있고, 또는 거기서 숨으려 한다.
R.B.Kuiper	일반 은총은 전도의 좋은 접촉점이다.
Berkhof	종교 의식은 일반 은총의 효과이다.
C.Ryrie	일반 은총은 불신자의 죄를 책망하여 구원을 예비한다.
Calvin	타락한 인간도 종교의 씨앗을 가지고 있다.

(3) 구원의 차서(Ordo Salutis)

용어에 대하여	(독) Heilsaneignung (라) Ordo Salutis (영) Way of Salvation (구원의 차서, 순서) 구원의 차서란 그리스도의 구속 사역은 오직 하나님께서 하시는 일로 전적으로 은혜인데 성령께서 인간에게 적용해 주시는 논리적 과정을 말한다. Pelagian은 이런 관념에 반대한다.
신학적 용어로 최초 사용한 사람	1737년 루터파 Jakob Karpov
Weizsaecker	소명이나 칭의는 Ordo Salutis에 포함되지 않는다.
Kaftan (신앙만 인정)	소명은 은혜의 수단으로서의 말씀 속에 중생, 칭의, 신비적 연합은 그리스도의 구속 사역 속에 회심과 성화는 기독교 윤리학의 영역 속에 넣었다.
Roman Catholic Church	세례:(영혼이 거듭난다), 견신례(견진성사):세례 받은 자가 성령의 은혜를 받는다, 성찬례:(떡에 의해 그리스도의 살과 피에 참여한다), 고해성사:(세례 후 타락한 자가 그리스도의 죽음의 은혜를 받는다, 종유식(종부성사, 말유식):죽을 때 나머지 죄를 깨끗케 여김 받는다.
Lutheran	루터는 오직 회개, 신앙, 선행의 3가지만 말했다. 그러나 17C 신학자들은 더 상세하게 다루었다. 행 26:17-18에 부자연하게 기초를 두었는데, 소명, 계발(조명), 회심, 중생, 칭의, 정화(변혁), 영화의 순서이다.
Reformed	칼빈은 기독교 강요 3권에서 구원의 차서에 대한 조직적 설명을 가했다. 그는 구속론의 출발점을 영원한 선택과 속죄 언약(Pactum Salutis)에서 설정된 신비적 연합에 두었다. 그는 회개가 신앙보다 앞선다고 보았지만, 신앙에서 회개가 흘러나오며 양자는 구원의 순서에서 독립적 의의가 있다고 한다. Kuyper는 칭의를 중생보다 앞에 놓고 Berkhof는 소명을 맨 앞에 놓는 등 차이가 있으나 일반적인 순서는 소명, 중생, 회심(회개와 신앙), 칭의(양자), 성화(견인), 영화로 된다.
Arminian	구원의 순서에 대한 주관적 인식이나 논리적 과정을 말하지 않는다. 하나님이 주신 충분한 또는 우주적 은혜는 죄인이 믿고 순종하는 데 충분하므로 인간이 진리에 동의하고 믿으며 의롭게 되며 마지막까지 참으면 영생에 참여할 것이다.

(4) 칼빈주의 5대 교리(5 Points of Calvinism)

교리 해설	칼빈주의 5교리(5대 요점)는 칼빈이 만든 것이 아니라 돌트대회(1619)에서 기원한다. 신학자들은 첫 머리글자를 따서 TULIP이라 부른다.	
Total Depravity (전적 타락)	아담의 타락에 의해서 온 인류는 죄 가운데 빠졌으며 스스로 구원할 수 없게 되었다. 인간의 전 존재와 전 성품은 죄로 물들었다.	
Unconditional Election (무조건적 선택)	인간은 죄로 인하여 죽었으므로 하나님께 응답하려는 시도를 할 수 없다. 그래서 하나님은 영원 전에 어떤 사람들을 구원코자 선택하셨고, 선택과 예정은 무조건적이다. 그것은 인간의 노력이나 응답에 근거되지 않는다.	
Limited Atonement (제한적 속죄)	하나님은 그의 무조건적 선택으로 어떤 사람들을 선택하시기로 작정하셨는데, 그것은 그리스도가 택자들을 위해 죽는다는 것을 의미한다. 하나님이 택하시고, 위하여 그리스도가 죽으신 그들은 구원 받는다.	
Irresistible Grace (불가항력적 은혜)	하나님께서 택하시고 그리스도께서 죽으신 바 된 그들을 주님은 항거할 수 없는 은혜로 이끄신다. 하나님은 인간이 그에게 기꺼이 나오도록 하시며 주님이 부르시면 인간은 응답하게 된다.	
Perseverence of the Saints (성도의 궁극적 구원)	하나님께서 선택하시고 그에게로 이끄신 자들은 성령으로 말미암아 신앙 안에서 견인된다. 선택된 자들은 아무도 구원을 잃지 않으며 그들은 영원히 안전하다.	
Arminian Doctrine THE REMONSTRANCE	예지 예정	하나님은 그리스도를 믿고 신앙 안에서 끝까지 구원을 얻을 자를 아시고 선택하셨다.
	무제한 속죄	그리스도는 온 인류에게 구속을 주셨다. 누구나 다 구원 받게 했으나 오직 믿는 자에게만 그 속죄가 유효하다.
	본성의 무능	인간은 스스로 구원 못하고 성령으로 새로나야 한다.
	선행 은총	성령의 예비 사역이 복음을 믿고 하나님과 협력하게 한다.
	조건적 구원	인간은 은혜를 떠나 구원을 잃어 버릴 수 있다.

(5) 신비적 연합(Mystical Union)

아담은 옛 인간성의 대표이듯이 그리스도는 새 인간성의 대표이다. 은혜 계약의 모든 축복들은 계약의 중보자이신 그리스도께로부터 나온다. 그리스도 안에서의 신비적 연합은 특별히 일반 은총과 구별되는 성령의 초자연적, 신비적 사역이다.

신비적 연합의 본질	Lutheran	인간학적 관점에서 신앙으로 주어진다고 본다.
	Reformed	신학적 관점에서 영원한 작정에서 그 기초를 본다.
	A. 성부께서 그리스도에게 주신 자들과의 계약적 연합은 속죄 언약(평화의 의논) 속에 있었다. 여기서 의의 전가가 이루어져 영원으로 부터의 칭의라 일컫는다.	
	B. 그리스도의 몸 된 교회는 유기적 방법으로 대표되는 그리스도에 의해 속죄 언약에서 이미 그리스도와의 생명의 연합을 이루었다.	
	C. 생명의 연합은 객관적으로 그리스도 안에서, 주관적으로 성령의 역사에 의해 이루어진다.	
신비적 연합의 특성	신비적 연합은 유기적, 생명적, 성령으로 중재된 상호 행동적, 인격적(개인적)인 특성을 가진다. 그리고 그리스도의 형상으로 변화케 한다.	
신비적 연합에 대한 잘못된 개념	합리주의	모든 인간의 영에 내재하는 하나님, 또는 전 피조물과 함께 하는 로고스 개념으로 대치한다.
	신비주의	그리스도와의 본질적 합일을 주장하여 인격적 구별마저 없는 신비적 하나를 주장한다.
	Socinian Arminian	단순한 도덕적 연합으로 사랑과 동정에 의한 연합이다. 친구 사이나 사제지간과 같다.
	Sacramentarian	로마 가톨릭과 루터파 중 일부, 고 교회파의 주장으로 교회에 맡겨진 은혜가 성찬으로 전달된다고 한다.
신비적 연합의 중요성	죄인의 존재 조건에서가 아니라 은혜로운 전가에서 칭의의 선포를 받았다.	
	죄인 스스로의 아무런 공로 없이 오직 그리스도의 것을 전가 받게 된다.	
	신자는 그리스도의 변화시키는 생명력으로 영육간에 변화된다.	
	신자는 그리스도와 함께 그의 모든 고난과 영광에 참여한다.	
	모든 신자들의 영적 일치와 성도의 교제에 근거를 제공한다.	

(6) 소 명(Calling)

소명을 먼저 다루게 되는 이유	성경의 증거(롬 8:30, 행 16:14, 겔 37:1-14) 신조의 증거(Belgic 신조, Dort 신조) 개혁파 학자들의 지지(Berkhof, Hodge, Bavinck)		
소명의 창시자	성부, 성자, 성령		
소명의 종류	외적 소명	Vocatio realis	자연, 역사, 환경을 통한 부르심. 구원에는 미치지 못한다.
		Vocatio verbalis	죄인들에게 영생 얻도록 믿음으로 그리스도를 받아야 한다는 진실한 권고
	내적 소명	Internal Effectual Calling	말씀과 성령으로 내적인(실제적인) 부르심을 받는 것이다. 은총과 구원의 자리에 들어가는 유효한 부르심이다.
외적 소명	외적 소명의 요소	복음의 사실과 구원의 이념 제시	
		신앙과 회개로 그리스도를 영접하라는 초청	
		용서와 구원의 약속	
	외적 소명의 특징	일반적이며 보편적이다. 차별이 없다.	
		하나님의 진실성과 선한 신앙에서 나온다.	
	외적 소명의 중요성	죄인에 대한 하나님의 권리 주장이다.	
		선민을 세계 만국에서 모으시는 지정된 방법이다.	
		하나님의 거룩, 선, 긍휼의 계시이다.	
		하나님의 공의로우심이 명확히 드러나게 된다.	
내적 소명	외적 소명과의 관계	內召와 外召는 사실은 하나다. 성령의 역사를 통하여 외적 소명이 발생되고 내적 소명에서 그 효력을 거둔다. 外召에서 전해진 말씀이 성령으로 內的 효력을 발생한다.	
	내적 소명의 특징	성령의 역사도 말씀이 구원적으로 적용된 소명	
		구원에 이르게 하는 능력 있는 소명	
		후회가 없고 변화되 않고 취소되지 않는 소명	
	내적 소명의 역사 방법	성령께서 말씀의 전도를 통해 인간이 하나님의 음성을 들을 수 있도록 도덕적 설유를 하신다.	
		인간의 의식 생활에서 역사한다. 죄인의 오성을 통하여 의지를 효과적으로 감화하신다.	
		선택된 자를 인도하여 구원에 이르게 하는 최종적 하나의 목적지를 향한다.	

(7) 중 생(Regeneration)

용어의 정리	(성경) 마 19:28 딛 3:5	παλιγγενεσία (중생)	하나님의 창조 사역을 강조 인간은 오직 수동적 상태 구원은 전적인 하나님의 일
	엡 2:10 고후 5:17	κτίζω (창조하다)	하나님의 창조 사역은 새 생명을 산출하신다. 인간은 새 피조물이 된다. (참고 요 1:13, 3:3-8)
	약 1:18	ἀποκυέω (낳는다)	
	엡 2:5 골 2:13	συζωοποιέω (같이 살아 있게 하다 / …와 함께 생명 있게 하다)	그리스도와 함께 새 생명으로 삶. 부활의 생명에 참여함. 영생적 의미에서 임마누엘을 누리게 되는 것.
중생에 있어서의 주의사항	A. 중생은 인간 본성의 변화가 아니다. 죄라는 본체가 중생으로 다른 본체로 대치되는 게 아니다(cf. Manichaeans, Flacius Illyricus). B. 영혼의 어떤 기능이 변화하는 것도 아니다. 중생은 감정이나 지성 같은 하나의 부분만 변화시키는 조명(illumination)이 아니다. C. 인간 본성의 전체, 혹은 그 일부라 할지라도 완전하고 철저하게 변화시키는 것이 아니다. 인간을 무죄한 상태로, 죄 짓지 않는 자리로 인도하는 것이 아니다(Anabaptists의 극단파).		
중생의 정의	새 생명의 원리를 인간 속에 심어 주고 영혼의 주도적 성향을(the governing dispositon of the soul) 거룩하게 하시는 하나님의 행위이다.		
중생의 본질적 성격	A. 중생은 근본적 변화이다. 인간 속에 새로운 영적 생명의 원리를 심어 주어, 영혼의 주도적 성향을 근본적으로 변화시켜 준다. 그것은 全人에게 영향을 미친다. 이 일은 성령께서 하신다. B. 중생은 즉각적 변화이다. 중생은 영혼 안에서 점진적으로 준비되는 사역이 아니다(Roman Catholic, Semi-Pelagian). C. 중생은 잠재 의식의 삶 속에서 일어난다. 그것은 은밀하며 인간이 측량할 수 없는 하나님의 사역이다. 인간은 직접 지각할 수 없다. 나타난 결과로서만 인지된다. 다만 중생과 회심이 동시에 발생하는 경우는 예외이다.		

소명과 중생의 차서관계	A. 말씀 전파로 되는 외적 소명은 새 생명을 일으키는 성령의 역사보다 먼저 있거나 그와 동시적으로 일어난다. B. 다음에 하나님의 창조적인 행위로 새 생명이 발생하여 영혼의 내적 성향을 변화시키신다. C. 이 중생시에 인간 영혼의 구원을 위한 소명을 들을 수 있는 영적인 귀를 받으며 유효적으로 하나님의 소명을 듣고 순종한다. D. 이 유효 소명은 영혼에 태어난 새 성향을 처음으로 거룩하게 운영한다. 이 새 생명은 생명 자체를 나타내기 시작하여 새 출생을 일으킨다. 이것은 넓은 의미의 중생이자, 회심으로 넘어가는 전환점이다. (Westminster Confession은 중생과 유효 소명을 함께 포함하여 말한다. X. 2항 참고)
중생의 필요성	성경(요 3:3, 고전 2:14, 갈 6:15, 엡 2:3, 히 12:14) 인간의 죄인 상태가 중생의 절대적 필요성을 요구한다. 중생은 성결한 삶, 하나님의 사랑을 얻음, 양심의 평화, 특히 주님과의 교제를 누림에 있어서 반드시 필요하다. 또한 영혼의 전 성향을 갱신하기 위해 중생은 필요한 것이다.

중생의 근거	Pelagian	인간의 의지, 즉 인간의 자기 개혁과 동일하다.
	Semi-Pelagian	神人 협력적 입장이다(Arminian).
	Beecher / Finney	인간 의지에 제공되는 동기 체계로서의 진리. (그러나 진리 자체가 성향을 변화시키지 못한다.)
	바른 해석	성령의 직접적, 독점적 역사. 하나님만이 중생의 창시자이다.(겔 11:19, 요 1:13, 행 16:14, 롬 9:16)

중생의 도구로서 하나님의 말씀이 사용되는가?	중생에서 말씀은 새 생명을 주는 도구인 것은 아니다. 다만 포괄적 의미에서는 말씀을 방편으로 한다고 할 수 있다.(약 1:18, 벧전 1:23)	
	오해	성령이 초자연적으로 지성을 조명하여, 간접적으로 의지에 역사하신다(Saumur학파. Cameron/Pajon).
		말씀 자체가 중생을 일으킨다거나 세례 그 자체, 또는 성찬을 통하여 중생이 되는 것이 아니다(Lutheran / Catholic).
	주의	중생은 하나님의 창조 행위이고 말씀은 도덕적 설유의 방편이다. 영적 사망 상태에서는 말씀이 효과 없다. 말씀은 의식을 향하고 중생은 무의식의 영역에서 성령의 특별 역사로 이루어지는 것이다.

6. 구원론(Soteriology)

	중생에 대한 여러 가지 견해 비교
Augustine	중생은 죄의 용서를 포함하는 심령의 최초 변화이며, 그후에 회심이 따른다. 그러나 그는 세례의 은혜를 강조하여 칭의와 혼동이 일어나고 있다. 다만 중생이 하나님의 독력적 사역이며, 이 은혜는 인간이 거역할 수 없다고 말한다.
Calvin	회심과 성화를 포함하는 인간 갱신의 전 과정을 표시하는 의미로 해석한다.
Pelagian	인간의 영적 자유 의지와 인격적 책임성을 강조하므로 죄란 의식적 선택에서 나온다. 마찬가지로 중생이란 도덕적 개혁이다. 이전에 범법함을 택했으나 이제 율법에 순종하여 살기로 하는 것이다.
Roman Catholic Church	중생은 영적 갱신과 칭의와 사죄를 포함하며 이것은 세례에 의해 효력이 발생된다. 그리고 누구든지 중생의 축복을 상실할 수 있으므로 함부로 생활하거나 은혜를 무효화시키면 안된다.
Anglican Church	Puseyites는 Roman Church와 같은 입장이다. 영국 교회의 주된 주장은 두 종류의 중생을 말한다. ①인간 본성의 근본적 변화로서의 중생, ②교회와의 새로운 관계 변화로서의 은혜의 수단. ②의 경우는 세례 중생론에 해당되며 영적 갱신을 포함치 않는다.
Lutheran Church	루터파는 중생의 독력적 사역은 주장한다. 그러나 가톨릭을 완전히 벗어난 것은 아니다. 어린이는 세례란 수단으로 regeneratio prima를 얻으며, 성인은 말씀의 수단에 의해 최초의 중생을 얻고, 세례에 의해 regeneratio secunda에 참여한다고 한다.
Arminian	중생은 진리를 수단으로 하여 주어지는 신적 영향력에 인간이 협력하는 선택의 열매이다. Wesleyan-Arminian은 성령의 사역을 보다 높이나 인간은 그 은혜를 거부할 수 있고 다시 미중생된 상태로 갈 수 있다.
Schleiermacher	성육신 이후 그리스도는 신인 양성의 융합이 일어났고 이 divine-human nature는 중생시에 divine-human life를 죄인에게 준다. 그리고 교회는 단번에 이 New life를 communicate하여 받아 개인에게 참여시킨다. 교회와의 교통은 신생의 삶으로 참여함을 보장한다.
3분설에 의한 견해	죄는 영이 아니라 혼(soul)에 자리잡는다. 만약 영에 죄가 침투했다면 돌이킬 수 없이 멸망 당했을 것이다. 고로 중생이란 타락으로 약해진 영의 영향력을 다시 강하게 해서 인간 삶을 회복시키는 것이다.
현대 자유주의	하나님의 초자연적, 재창조 사역으로서의 중생을 거부한다. 신의 내재로 말미암아 인간은 자기 안에 신적 원리를 가지며 구원에 이르는 잠재력이 있다. 중생은 단순한 도덕적 변화에 지나지 않는다.

(8) 회 심(Conversion)

용어 문제	구 약		Nacham-후회하다(행동과 계획의 변화를 수반하는 회개) Shubh-돌아오다(Israel 백성과 탕자의 경우가 해당)
	신 약		metanoia-마음의 변화(知的, 道德的 變化) epistrepho-방향을 돌리다, 되돌아가다
성경에 나타난 회심의 종류	국민적 회심		사사시대의 이스라엘, 열왕시대의 유다, 니느웨 등의 경우 국민적 회심에 해당한다.
	일시적 회심		알렉산더와 후메내오. 데마의 경우. 마음의 참된 변화가 없는 잠시만의 회심. 일시적 동요.
	진정한 회심 Conversis Actualis Prima		나아만, 므낫세, 삭개오, 소경, 사마리아 여인, 내시, 고넬료, 바울의 경우. 참다운 회심이란 하나님이 중생자로 하여금 자기의 의식 생활에서 주께 돌아와, 믿음과 회개를 일으키게 하시는 하나님의 행위다.
	반복적 회심		중생을 일으키는 회심은 반복되지 않는다. 이 회심 자체가 반복되지 않으나 삶과 부딪쳐 본질상 진노의 자녀인 인간은 계속해서 회심을 해야 한다(눅 22:32, 계 2:5).
회심의 요소	중요한 두 요소	회 개	과거 및 성화에 관련된다.
		신 앙	미래 및 칭의에 관련된다. (9)항→
	회개의 3 요소	지적 요소	지각의 변화, 인식의 변화이다. (epignosis hamartias) 롬 3:20
		감정적 요소	죄에 대해 슬퍼하는 감정의 변화이다. (lupe kata theou=godly sorrow)
		의지적 요소	목적의 변화이다. 죄에서 떠나가는 내적 전환, 사죄와 정화를 추구하는 성향이다. 회개의 가장 중요한 요소이다(metanoia).
The Sacrament of Penance in the Romanism	로마교회의 회개 개념	Contrition	죄에 대한 진정한 비애. 개인적인 과실에 대해 슬퍼하는 것(痛悔).
		Confession	신부에게 告解聖事하는 것이다. 회개자가 만족스런 고백을 하면 용서한다(告明).
		Satisfaction	행동으로 하는 회개이다. 고통스런 일을 인내하거나 어려운 일을 수행한다(補贖).

6. 구원론(Soteriology)

회개의 성경적 견해	1) 회개는 전적으로 내적 행위, 통회의 행위, 죄로 인한 비애이다. 2) 생활의 변화는 회개의 결과이다. 회개의 열매는 죄의 고백과 악에 대한 배상으로 나타난다. 3) 진정한 회개는 항상 참된 신앙을 동반한다.
회심의 특성	1) 중생처럼 하나님의 도덕적, 재창조적 행위이다. 법적 행위가 아니다. 신분 변화가 아니라 상태 변화이다. 2) 잠재 의식에서 되는 것이 아니고(중생), 인간의 의식 생활에서 이루어진다. 그러나 중생에 기초한 회심이 참된 회심. 3) 원리상으로 옛 사람을 벗어 버리고, 새 사람을 옷 입는 것이다. 의식적으로 죄악 생활을 포기하고 하나님과 더불어 교통하며 헌신적 삶에 들어가게 된다. 영적 싸움은 지속적이다. 4) 회심은 순간적 개변이지만 다른 의미에서 반복적이기도 하다. 인간의 죄성(엡 2:3 본질상 진노의 자녀) 때문에 반복적 회개와 믿음이 필요하다. 그러나 하나님께 돌아섰다는 근본적 의미에서는 단 한번만의 변화이며 반복될 수 없다.
회심의 창시자	하나님 자신이 회심의 창시자이다(행 11:18, 딤후 2:25). 여기에는 성령의 직접적 활동과, 말씀을 통한 간접적 사역도 있다. 즉 율법을 방편으로 하는 회개의 역사와, 복음을 수단으로 하는 신앙의 역사이다.
회심의 협력적 요소	중생에서는 하나님만이 역사하시고, 인간은 전적으로 피동적이지만, 회심에 있어서는 인간은 하나님과 협력한다. 회심에서 인간은 능동적이다. 그러나 이러한 능력은 항상 인간 안에서 행하시는 하나님의 先行的 事役에서 오는 것이다.
회심의 필요성	성경은 중생의 필요성에 대해서 절대적인 표현을 하지만 회심에 대해서는 절대적으로 말하지 않는다. 어려서 죽은 아이들의 경우, 회심에 대해서는 말할 수 없고, 단지 중생에 대해서만 말할 수 있기 때문이다. 예레미야나 세례 요한과 같이 어렸을 때 중생한 사람들의 생활에서는 하나님께 대적하다가 변화하여 친구 생활로 들어간다는 상황이 맞지 않는다. 그러나 회심의 요소, 곧 참된 회개와 진정한 신앙은 전 생애에서 나타나야 한다.

(9) 신 앙(Faith)

구약적 술어	emunah=faithfulness (Aman)=(믿는다) 다른 사람의 증명에 대해 참된 것으로 받음. batach/chasah 신뢰, 의뢰의 요소를 강조	
신약적 술어	pistis=한 인물에 대한 일반적 신뢰 　　신뢰에 근거하여 그의 증거를 쉽게 받아들이는 것 　　말씀을 믿음으로써 주를 신뢰하고 아는 것	
성경에서 언급된 신앙의 종류	역사적 신앙	이 신앙은 진리를 知的으로는 받아들이나 개인에게 실제적 관심의 대상이 아니다. 단지 지적 이해에 불과하다.
	이적의 신앙	능동적 – 마 17:20, 막 16:17–18 수동적 – 마 8:11–13, 요 11:22, 행 14:9
	일시적 신앙	중생에 뿌리박지 않은 종교적 진리에 관한 확신. 환난과 핍박의 날에 그 자체를 유지하지 못한다.
	참된 구원적 신앙	마음에 신앙의 자리를 둔, 중생한 생활에 뿌리박은 신앙. 성령으로 말미암아 마음에 일으켜진 복음 진리에 대한 확신. 하나님의 약속에 대한 성실한 신뢰.
신앙의 요소 notitia (知) assensus (情) fiducia (意)	知的 要素	하나님의 말씀 속에 계시된 진리를 아는 것이다. 신앙은 아는 것이다. 알지 않고는 믿지 못한다.
	感情的 要素	진리에 대한 반응(찬동)이다. 인격적인 관심에서 좋다고 하며 진심으로 찬동하는 것이다.
	決意的 要素	신앙에서 가장 중요한 요소이다. 구세주와 말씀에 대한 인격적, 행위적 신뢰이다. 기독교 복음은 개인의 의지적 결단을 중시한다.
칼빈의 신앙관 (기독교 강요) → 다음 항목의 Catholic 비판을 참고	신앙은 하나님의 말씀을 성령의 내적 증언에 의해 깨달아지고, 받아들여지며, 하나님을 인격적으로 신뢰하게 하는 것이다. 은혜의 수단인 말씀과 성례와 기도는 인간을 믿음으로 강하게 하며 그리스도를 우리의 것이 되게 하고, 하나님이 그리스도에게 허락하신 놀라운 축복들을 우리의 것이 되도록 해준다. 신앙은 하나님의 은혜로 주어지며, 외적 수단인 교회를 통하여 강하게 된다 (INS. Ⅲ권 및 Ⅳ권 첫부분 참고).	

6. 구원론(Soteriology)

신앙에 대한 교리사적 고찰 (개요)	교회의 초창기 (교리적 미숙기)	신앙보다 회개에 대한 강조가 강했다. ordo salutis와의 관련에서 신앙을 보지 못하였다.		
	Alexandria 학파	pistis는 초보적, 불완전한 신앙으로 보고, gnosis는 보다 완전한 지식을 갖춘 신앙으로 본다.		
	Tertullian	신앙이란 권위에 대한 수납임을 강조했다. 인간 이성에 의한 것이 아닌 계시 곧 regula fidei에의 순종이다.		
	Augustine	때로는 진리에 대한 지적 동의라고 보았으나 복음적, 의의 신앙은 자기 포기와 사랑(amor Die)을 포함한다. 신앙은 사랑으로 완성된다.		
	Scholastics	두 가지로 구분한다.		
		fides informis=a mere intellectual assent to the (uninformed faith) truth taught by the Church		
		fides caritate formata=a faith that is animated (faith informed by love) by love and is active in producing good work		
	Arminians	로마 교회의 경향에 떨어졌다. 신앙을 인간의 공로적 사역으로 본다. 하나님의 은총에 의해 그가 받아들인다는 인간적 근거를 강조한다.		
	Schleiermacher Ritschl	구원적 신앙에 대해서는 별로 언급치 않고 있다. 그리스도를 sample로 하여 그의 삶을 따르는 노력이다.		
	Neo-Orthodoxy	그리스도 안에서 하나님의 말씀에 대한 실존적 응답과 결단이 신앙이다. 그러나 말씀에 대한 시각은 orthodox 하지 않다.		
	Roman Catholic Conception of Faith	Principle of externalization	신앙은 교리에 대한 단순한 동의라고 하므로 historical 및 saving faith 의 구분을 흐릿하게 한다.	
		Principle of clericalism	fides implicita(blind faith)	
			fides explicita	
		formative principle	↑ Scholastics 항	

칼빈의 가톨릭 신앙 비판 (기독교 강요 Ⅲ권 2장)	신앙의 올바른 정의 Ⅲ. 2:7	A firm and certain knowledge of God's benevolence toward us, founded upon the truth of the freely-given promise in Christ, both revealed to our minds and sealed upon our hearts thrugh the Holy Spirit.
	스콜라 신학의 오류	common assent to the gospel history
	가톨릭 신앙의 잘못된 점	1) 신앙은 지식에 근거해야 한다. 경건한 무지는 신앙이 아니다. implicit faith는 참신앙을 파괴한다(알지 않고는 믿지 못한다). 2) 신앙이란 교회의 가르침을 맹목으로 순종하는 것이 아니다(ecclesia docens 개념 비판). 3) fides implicita 교리는 근본적 오류다. (신앙은 하나님에 대한 지식과 그리스도에 대한 지식을 포함하며, 이해는 신앙과 떨어질 수 없다.)
	Berkhof의 설명	진리에 대한 찬동(알든 모르든)은 가톨릭에 있어서 그것이 선한 일을 수행함에 있어서 사랑으로 역사할 때만 참된 구원적 신앙이 된다.
구원하는 신앙 (구원적)의 대상	일반적 의미	신적 계시의 전체: 성경의 내용과 거기서 추론된 내용
	특수적 의미	예수그리스도와 그를 통해 베푸신 모든 약속(유익)
신앙과 구원의 확신 문제	Roman Ch. 17C 알미니안	특수한 경우를 제외하고서는 신자가 자신의 구원에 대하여 확신할 수 없다(Dort 회의서 정죄됨).
	개혁자들	fiducia를 일방적으로 강조하였다.
	Heidelberg	확신은 신앙의 본질에 속한다(개혁자들을 그대로 지지함).
	Dort 신조	확신은 특별 계시의 열매는 아니나 하나님의 약속을 믿음으로 생기며, 성령의 증거와 선한 양심과 선행의 훈련에서 온다. 신앙의 정도에 따라 이것을 즐길 수 있다.
	Westminster	신앙의 본질 문제는 아니지만 충분한 확신을 가질 수가 있다.
	Wesleyan Arminian	회심이 곧 직접적인 확신이다.
	Antinomian	확신 자체를 극단화한다. 구원의 확신이 신앙의 본질이요 통체다.

(10) 칭 의(Justification)

용어	구약	tsiddek	렘 3:11, 사 5:23 (cf.) צָדֵק
	신약	dikaiosis	롬 4:25, 5:18 (cf.) δικαιοσύνη
칭의의 정의	예수그리스도의 완전한 의를 근거로 하여 죄인을 의롭다고 선언 하시는 하나님의 법적 행위(죄인의 신분 변화이다)		
칭의와 성화의 구분	칭 의		성 화
	죄책 제거, 영원한 유산 소유 하 나님의 자녀의 모든 권리 회복		죄의 오염 제거, 하나님의 형상 에 부합하게 지속적으로 갱신
	하나님의 법정에서, 죄인 밖에 서 오는 것임		사람의 내적 생활에서 일어나 고 점진적으로 전생애에 미침
	단한번만 발생, 반복이 없고 즉시 로 영원히 완성됨. 과정이 아님		이 세상에서는 완성되지 않는 하나의 연속적인 과정임
	그리스도의 공로에 의하지만 특 히 성부가 선언하신다.		그리스도의 공로이지만 성령이 하시는 일이다.
칼빈의 칭의관 기독교 강요 3권 11, 12장	3. 1. 1.	그리스도와의 연합(union, communion with Christ)	
	3. 11. 2.	은혜로 말미암아 의인이라 받으심. 그리스도의 의 의 전가. 사죄	
	3. 11. 19, 21.	믿음만으로 되는 하나님과의 화해이며 죄의 용서	
	3. 12. 1.	하나님의 공의를 알 때 가치를 깨닫는다(하나님의 심판대).	
칭의의 요소	소극적 요소	예수그리스도의 전가된 의를 기초로 해서 죄를 용 서해 주는 것. 이 용서는 과거, 현재, 미래의 죄에 다 적용.	
	적극적 요소	법적 의미와 영적 의미에서 하나님의 자녀가 된다. 영생에의 권리(자격)를 획득하며 하나님의 후사가 된다.	
칭의의 영역	능동적 칭의	하나님의 법정에서 율법의 요구가 충족되는 그리스 도의 의의전가에 의해 하나님이 선언하시는 칭의	
	수동적 칭의 (주관적)	죄인의 마음과 양심에서 일어난다. 하나님의 법정 에서 선언되는 무죄 석방의 판결은 죄인에게 전달 되어 믿음으로 받아들여지게 된다. 이것이 이신 칭 의에 대한 일반적 의미이다.	

칭의의 시간	능동적 칭의	영원으로부터 오는 칭의	pactum salutis에서 볼 때 영원한 구속의 계획에 있어서 그리스도의 의가 피택자에게 전가되었다. 그러나 역사 과정에서 실현되는 측면을 고려해야 함.
		그리스도의 부활에서 오는 칭의	피택자는 그리스도의 부활에서 이미 의롭다 함을 입었으나 이것이 전부가 아니라 이신 칭의가 반드시 언급되어야 한다. 그리스도의 완성된 의가 부활에서 성부의 선언으로 객관화된 것뿐이다.
	수동적 칭의	믿음으로 말미암는 칭의	영원으로부터의 칭의가 이상적인 것이며, 부활에서 오는 칭의가 객관적이라면 믿음으로 말미암는 칭의는 하나님의 칭의적 은혜의 주관적 적용과 소유함을 의미한다. 신앙은 칭의의 도구이며, 소유하는 수단이나 통로(organ)라고 불리운다.
칭의의 근거	부정적 면	로마교회	주입되는 은혜나 선행이 칭의의 근거라고 한다.
	긍정적 면	개혁교회	죄인에게 전가되는 그리스도의 완전한 의.
칭의에 대한 여러 견해들	초기교부들		중생과 칭의에 대한 명확한 구분이 없었다.
	Augustine		법적 행위로서의 칭의와 도덕적 과정으로서의 성화에 대해 정확한 이해가 결여되어 있다.
	Thomas Aquinas (로마교회)		인간에게 은총이 주입되면 그로 인해 의롭게 된다. 또한 선행에 근거하여 의롭게 된다(공로주의). 일종의 칭의와 성화에 대한 혼동이다. 스콜라학자들은 칭의를 하나님의 즉각적 행위, 성화는 과정으로 본다.
	개혁자들		sola fide, sola gratia, 법적인 성격 강조. 그리스도의 의에만 근거되며 이 의의 전가에 초점, 점진적 칭의나 공로적 칭의는 강력하게 배격된다.
	Socinian		자신의 회개와 개혁으로 은혜와 자비를 받아 칭의를 얻는다(도덕주의).
	Arminian		죄인은 그의 회개와 순종한 삶에 근거하여 의롭게 된다. 신앙은 칭의의 근거이다(인간측에 강조).

6. 구원론(Soteriology)

칭의에 대한 여러 견해들	Schleiermacher Ritschl	칭의는 죄인이 하나님께서 자신에게 진노하셨음을 생각할 때 그의 잘못을 의식하는 것 정도로 본다.
	현대 자유주의	하나님은 인간의 삶에 있어서 도덕적으로 개선되는 것을 보고 의롭다 하시는 것이다(Bushnell).
	A. Osiander 참고:칼빈의 기독교 강요 3권 11장 5-12절	죄의 용서와 중생을 혼동한다. 그리스도의 신성에 의해 우리가 본질적인 의를 소유한다고 한다. 본질적 의와 본질적 내주를 주장한다(법적 칭의를 거부). 칭의란 삶의 재원리를 인간 속에 심어 주는(신성의 내재) 것이지 의의 전가나 법적 선언이 아니다.
	신정통주의 Barthian View	칭의는 하나의 순간적 행위이며 단번에 완성되는 행위가 아니다. 반드시 성화가 따라야만 한다. 칭의와 성화는 나란히 가는 것이다. Thurneysen도 단회적 칭의를 거부하며 Barth를 따르고 있다.
	Paul Tillich의 견해	Tillich는 죄를 Estrangement와 Seperation으로 보고 New Being을 구원으로 설명한다. 중생은 새 존재에 참여함으로서의 구원, 칭의는 새 존재에의 acceptance로서의 구원, 성화는 새 존재에 의한 변화로서의 구원이다. 그러나 Justification by grace through faith라고 분명히 말한다.
	George Eldon Ladd의 설명 (신약학자임)	Ladd는 그리스도의 사역을 속죄, 칭의와 화해로 구분하여 설명한다. 속죄사역은 sacrificial, vicarious, substitutionary, propitiatory, redemptive한 측면에서 말하고 결국 triumphant하게 성취된다고 한다. 칭의는 첫째, 종말론적이며, 법정적이며, 둘째, 칭의의 근거는 율법의 순종이 아니라 그리스도의 죽음이다. 그리고 마지막으로 칭의의 수단(means or agency;medium or instrumentality)은 믿음이다. 칭의는 죄책에서의 방면이고 화해는 하나님과의 사귐을 위한 관계 회복이다.
	중요한 요점정리	칭의는:하나님 아버지의 하늘 법정의 선언. sola fide, sola gratia. 그리스도의 완전한 의의 전가. 율법의 행위에 의지하지 않음. 단번에 완성되며 영원한 것임.

(11) 양 자(입양; Adoption)

용어	ὑιοθεσία(huiothesia) 양자삼기, 아들삼기 롬 9:4, 8:15; 갈 4:5, 엡 1:5(=placing as a son)	
정의	양자는 아버지로서의 하나님에 대한 영혼의 참된 관계 회복이며, 이 세상과 오는 세상의 삶에 있어서 아들의 권리를 받는 것이다. 본질상 진노의 자녀가(엡 2:3) 하나님으로부터 그의 친아들과 영생의 후사로 받아들여지는 축복이다.	
양자 교리에 대한 제견해	Turretin	칭의의 제2요소가 양자라고 보았다.
	Hodges	Charles는 이 주제를 뺐고, A.A.는 간략히 다룬다.
	Westminster 신앙 고백	하나의 주제로 독립된 장을 가지고 다룬다. 하나님의 자녀됨과 그 자유의 특권, 징계를 말한다.
	초기 교부들	양자를 세례의 효과로 보는 입장이 상당히 지지되었다(Luther도 영향 받음).
	Luther	huiothesia를 filial spirit이나 sonship으로 번역한다. 중생과 칭의와 동시에 일어난다.
	개혁 교회	칭의의 열매로 또는 중생에 종속적, 협력적인 것으로 보며 Lutheran보다 덜 강조한다.
	합리주의	전적으로 양자의 교리를 거부한다.
Paul시대의 Greco- Roman Conception	adoption=the legal process by which a man might bring into his family and endow with the status and privilege of a son one who was not by nature his son or his kindred.	
Cyclopaedia of McClintock and Strong	Adoption in a theological sense is that act of God's free grace by which, upon our being justified by faith in Christ, we are received into the family of God and entitled to the inheritance of heaven.	
Wiley and Culverston	Adoption is the declaratory act of God, by which upon being justified by faith in Jesus Christ, we are received into the family of God and reinstated in the privileges of sonship.	

6. 구원론(Soteriology)

구원론의 다른 항목 과의 관계		칭의, 화해, 중생, 회심, 성화 등과 밀접한 관련이 있다.
	객관적 면	양자는 객관적으로 in foro Dei에서 존재한다. 하나님의 영원한 은혜의 선택과 그리스도의 대국적 속죄 때문이다(before the forum of God).
	주관적 면	신자는 그리스도 안에서 믿음을 통하여 양자가 된다. 갈 3:26의 내용대로이다. "너희는 그리스도 예수 안에서 믿음으로 말미암아 하나님의 자녀임이라."
J.T. Mueller		Adoption is considered as the final goal of man's spiritual reclamation by the Holy Spirit. It may be regarded as the crowning act of God's saving love.
양자의 유익 (benefits)		(1) 아들의 자격을 얻는 권리(갈 3:26, 롬 8:17) (2) 하나님을 향해 자녀로서의 확신을 가짐(filial confidence toward God, 롬 8:15) (3) 그리스도와 그의 소유를 갖게 되는 권리와 축복(고전 3:21, 23; 롬 8:32) cf. Ins. 3.1.1. "possessing Christ and benefits of God." (4) 영원한 후사의 특권과 그 칭호를 받음(벧전 1:4) (5) 성화되도록 성령의 인도를 받음(롬 8:14-17) (6) 고난시에 약한 믿음을 강하게 해줌(롬 8:18f)
양자 교리에 대한 주의 사항	시간적 간격에 대해	ordo salutis 자체의 시간적 순서를 논하는 것은 무리한 일이나 양자는 중생과 칭의와 동시에 일어난다고 본다. 논리상 뒤에 두는 것이다.
	양자의 은혜의 기원	성경에 의하면(엡 1:4-5) 양자는 영원한 하나님의 은혜에서 온다. 특히 엡 1:5이 중요하다. "예수 그리스도로 말미암아…"
	sola gratia	양자는 하나님의 자유로운 은혜 베푸심의 결과이며 모든 인간의 공로를 제거해야 한다. 오직 은혜로 된다.
	성 삼위의 역할	성부는 양자, 성자는 구속, 성령은 성화의 사역을 하시나 독점적이 아니라 그렇게 강조되고 있는 성경의 증언에 의한다.

(12) 성 화(Sanctification)

용어	구약	qadash/qodesh(자르다, 구별하다) 주로 관계와 위치, 소속을 나타내므로 holiness의 의미를 알 수 있다.
	신약	hagiazo=거룩한 목적을 위해 평범한 것이 구별 되는 것, 또는 어떤 직임을 위해 따로 구별되고 제쳐놓는 것이다. 하나님의 봉사에 바쳐지기 위한 구별/성별이다.
성화론의 역사적 고찰 (개관)	성화론 연구 에 대한 교리 사적 관심사	1) 성화에서 하나님의 은혜와 신앙과의 관계 2) 성화와 칭의와의 관계 3) 현세적 삶에 있어서의 성화의 단계
	고대 교부 시대	성화론에 대하여 별로 언급되지 못하였다. 도덕주의의 경향이 있었다. 세례 전의 죄는 세례 받음으로 제거되나 세례이후의 죄는 회개와 선행을 요한다. 여기서 dualism의 요소가 보이고, legalism→Sacramentarianism→priestcraft와 모든 수도사적 과도한 헌신이 자리를 잡게 되었다.
	Augustine	최초로 성화의 개념을 정의한 사람이나 칭의와 성화를 분명히 구분하지는 않았다. 그는 성화를 칭의에 포함시켜서 생각하였다. He believed in the total corruption of human nature by the fall, he thought of sanctification as a new supernatural impartation of divine life, a new infused energy, operating exclusively within the confines of the Church and through the sacrament.
	Thomas Aquinas	역시 칭의와 성화가 잘 구별되지 않고 있다. 그는 칭의가 인간 영혼에 무언가 본질적인 것으로서의 하나님의 은총이 주입되는 것으로 보았다. 이 은혜는 donum superadditum이라고 불리운다. 이것으로 영혼은 새 단계로 올라가며 하나님을 알고, 누리고, 즐기는 천상의 운명에까지 도달하게 된다. 이 은총은 그리스도의 무한한 공덕으로부터 나오며 sacraments에 의해 신자들에게 분여되는 것이다. 칭의=성화란 개념이 있다.

6. 구원론(Soteriology)

성화론의 역사적 고찰 (개관)	Roman Catholic Church	Augustine→Thomas=Roman Catholicism 로마 교회는 위의 관점에서 근거하여 성화시키는 은혜가 영혼 속에서 원죄의 용서와 고유한 의의 항구적 습관을 나누어 주며 그 자체 안에서 보다 발전할 가능성과 완전성에까지 갈 수 있다고 한다. 여기서 모든 덕을 가진 새 삶으로 나아간다. 이런 선행은 대죄에 의해 파괴되고 무효화될 수 있다. 세례후의 죄책은 소죄의 경우 성찬으로 제거하며, 대죄는 고해성사로 제거할 수 있다. 이 모든 개념들은 성화보다 칭의에 가깝다. Trent 회의의 칙령들과 신조에 나타난 이런 관념들은 칭의와 성화를 혼동하고 있다.
	개혁자들의 성화론	자연과 초자연의 바탕이 아닌 죄와 구속의 antithesis로서 성화를 강조한다. 그들은 칭의와 성화를 명백히 구분하였다. 칭의는 하나님의 은혜의 법적 행위로서 인간의 법적 신분에 영향을 주나 성화는 도덕적, 재창조의 사역으로서 인간의 내적 성질을 변화시키는 것이다. 그러나 양자는 불가분의 관계가 있다. 칭의 후에는 즉시 성화가 따른다. They did not regard the grace of sanctification as a supernatural essence infused in man thru the sacraments, but as a supernatural and gracious work of the Holy Spirit, primarily thru the Word and secondarily thru the sacraments, by which He delivers us more and more from the power of sin and enables us to do good works.
	Wesley	단순치 칭의와 성화를 구분하지 않는다. 믿음으로 말미암는 칭의를 먼저 말하고 두번째 은혜로서의 완전한 성화를 주장한다. 하나의 과정으로 성화를 말하나 신자는 하나님의 성별하시는 행위에 의해 즉시로 완전한 성화를 기대하며 기도해야 한다고 한다. 기독자 완전론이라고도 한다.
	합리주의 Kant	죄인의 갱신에 대한 초자연적 성령의 역사가 아니라 인간의 본성 능력에 의한 도덕적 개선으로 본다.
	Schleier-macher Ritschl	세속적 의식이 하나님을 의식하는 것으로 점진적인 변화를 하고 크리스찬 삶에서 도덕적으로 완전하게 되는 천국 백성으로서의 우리의 소명을 성취하는 게 성화이다.

성화의 정의	\multicolumn{2}{l	}{성화는 성령께서 의롭다 함을 얻은 죄인을 죄의 부패에서 건져 주시며, 그의 전 本性을 하나님의 형상으로 갱신하여 그로 하여금 선한 일을 할 수 있게 하시는 성령의 은혜로우시며 계속적인 사역이다.}
성경적 개념	구약	하나님 자신에게 적용된다. 하나님은 피조물과 절대적으로 구별된 완전히 거룩하신 분이다. 그는 은혜와 의와 사랑과 진노에 있어서 거룩하시다. 하나님은 심판, 성별, 죄악과의 대항을 통해 거룩을 계시하였다. 또한 하나님과의 특별한 관계에 있을 때도 거룩하다고 한다. 가나안 땅, 예루살렘, 성전(장막), 안식일, 절기, 선지자, 레위인, 제사장 등 특별한 봉사의 위치에 있는 것들이다. 그러나 내적, 윤리적 거룩은 성령에 의한다.
	신약	구약의 관념은 신약에 그대로 전달되었다. 거룩함은 항상 하나님과의 관계에서 하나님을 위한 도덕적 선의 개념이다. 특히 하나님께 경배하는 목적에서의 도덕적 개선이다. 신약에서는 하나님의 성령께서 특별한 사역으로 신자를 성화시키는 점을 말한다. 인간의 윤리적 노력으로 거룩케 됨이 아니다. 윤리 설교는 신자의 성화에 아무 의미가 없는 것이다. 오직 하나님의 영이 하시는 일이므로 하나님과 관련 없이는 선은 거룩과 거리가 멀다.
성화의 본질	\multicolumn{2}{l	}{성화는 하나님의 초자연적 사역이다(살전 5:23, 히 13:20-21).}
	성화는 두 요소로 표시된다.	옛사람(죄의 몸)에서의 벗어남
		새 사람으로의 태동
	\multicolumn{2}{l	}{성화는 전인(영혼/몸;지성/감정/의지)에 영향을 미친다.}
	\multicolumn{2}{l	}{성화는 신자가 하나님께 협력하는 사역이다.}
성화의 특징	\multicolumn{2}{l	}{성화의 창시자는 인간이 아니라 하나님이시다. 그러나 인간은 하나님이 허락하신 성화의 수단으로 열심히 노력해야 한다.}
	\multicolumn{2}{l	}{성화는 칭의와 같이 하나님의 법적 행위가 아니라 도덕적, 재창조적 행위이다. 일부는 성령에 의한 무의식적 생애에서, 일부는 외적 수단으로 의식적 생애에서 일어난다(신앙 훈련, 말씀 연구, 기도, 다른 신자와의 교제 등을 통해서).}
	\multicolumn{2}{l	}{성화는 오랜 기간의 과정이다. 현세에서는 결코 완전해지지 못한다. 중생하고 곧 죽는 경우에는 이 과정이 짧아질 것이다.}
	\multicolumn{2}{l	}{성화 과정은 영혼에 관한한 죽을 때 완성되고, 육체의 경우에는 부활 때 완성된다.}

6. 구원론(Soteriology)

성화의 창시자와 수단 (Means)	창시자 (Author)		성화는 3위 하나님의 사역이지만 특히 성령께서 하시는 일이다(롬 8:11, 15:16, 벧전 1:2).
	수 단	말 씀	성령과 함께, 성령에 의해 사용되는 중요한 수단
		성 례	말씀에 수반되는 종속적 성화의 수단
		섭리적 인도	하나님의 섭리는 순경과 역경에서 성화의 수단이다.
성화와 Ordo Salutis 와의 관계	중생과 성화		중생은 즉각적으로 완성되고, 성화는 과정이므로 점진적 변화로서 거룩함에로 나아가는 것이다. 중생은 성화의 시작이다. 중생한 사람만이 성화의 길을 걸어 갈 수 있는 것이다.
	칭의와 성화		칭의는 은혜 언약에 있어서 성화에 앞서며, 또한 성화의 기본이다. 그러나 Roman Catholic은 칭의가 인간을 공덕 쌓도록 해준다고 하며 성화는 칭의의 보조물로 본다. 인간은 칭의만으로 하나님 앞에 바로 서지 못하며 반드시 그의 가장 깊은 삶에서 거룩해야만 한다. 신정통주의자 Barth는 칭의와 성화는 항상 결합된 채 고려해야 한다고 하였다. 칭의는 성화와 나란히 가는 것이며, 인간의 완전한 절망의 순간에 도달되는 항상 새로운 것이다. 그것은 성취된 어떤 확신이나 되돌아 볼 수 있는 어떤 것이 아니다. 성화도 인간을 거룩한 성향으로 출발시키거나 인간을 점차 거룩케 하는 게 아니다. 양자는 모두 하나님의 선언이다. 한 행위의 양면이다. 칭의는 죄인을 사하시고 의롭다 하시는 하나님의 선언이요, 성화는 죄인을 거룩타 하시는 선언이다. Barth도 양자를 혼동하고 있다.
	신앙과 성화		신앙은 칭의에서와 마찬가지로 성화의 중재적, 도구적 원인이다. 신앙은 우리를 그리스도께 묶어 주며, 새 공동체로서의 인류의 머리이신 그리스도와 함께 교제하며 자라게 한다(Union and communion, growing together). 그리스도는 우리만의 새 생명의 근원이며, 성령에 의하여 우리를 점진적으로 성화시켜 주시는 분이시다. 성화의 등급은 기독자의 신앙과 비례하는 것이다. 아주 작은 믿음이라도 우리를 완전한 칭의에 도달시키나 성화에 있어서는 믿음의 훈련과 크기만큼 전진된다. 그러므로 지속적인 신앙 훈련이 필요하다. Calvin에 의하면 믿음의 주요 훈련은 말씀 선포와 성례, 그리고 기도이며, 진실하고 열정적인 경건 훈련(권징)이 필요하다.

기독자 완전론과 관련된 성화론의 문제(현세에서의 불완전성)		
개혁파의 입장	개혁 교회는 신자가 죽는 날까지 완전한 성화의 단계에 들어갈 수 없다고 믿는다. 신자의 사는 날 동안 죄와 싸워야만 한다. 왕상 8:46, 잠 20:9, 전 7:20, 약 3:2, 요일 1:8	
완전론의 입장	현세에서 신자가 죄에서 자유한 거룩한 상태로서 율법의 요구와 완전한 일치의 상태에 들어갈 수 있다고 한다. 이것을 Christian Perfection 또는 Entire Sanctification이라고 부른다. 이에 대한 다른 명칭들도 많은데 full salvation, holiness, perfect love, baptism with the Holy Spirit, the second blessing 등이 있다. 중생에 이어 다시 주어지는 성령의 즉각적 사역이다. Pelagian, Roman Catholics, Semi-Pelagians, Arminians, Wesleyans, the Labadists, The Quietists, the Quakers, the Oberlin 신학자들, the Plymouth 형제단, the Keswick 운동 등을 들 수 있다.	
완전론에 대한 성서적 증거	성경은 신자에게 거룩할 것과 심지어 완전할 것을 명한다. 거룩함은 하나님의 뜻이다(벧전 1:16, 마 5:48, 엡 5:17-18, 살전 4:3).	
	거룩과 완전은 신자들에게 자주 묘사되고 있다(고전 2:6, 고후 5:17, 엡 5:27, 히 5:14, 빌 4:13, 골 2:10 cf. 창 6:9).	
	노아, 욥, 아사, 다니엘과 프란시스, 버나드 등의 교회사의 증거	
	하나님의 자녀는 죄를 범치 않는다는 요한의 선포(요일 3:6, 8, 9, 5:18)	
완전론에 대한 여러가지 정의	Arminius의 "holiness"에 대한 정의	Sanctification is a gracious act of God by which He purifies man, who is a sinner, and yet a believer, from ignorance, from indwelling sin, with its lusts and desires, and imbuses him with the spirit of knowledge, righteousness, and holiness. It consists of the death of the old man, and the quickening of the new man.
	신비주의	하나님에 대한 완전한 헌신의 각도에서 정의한다. Internal sanctity of heart, seperation from the creature, and perfect union with God, the center and source of holiness and perfection.

6. 구원론(Soteriology)

완전론에 대한 여러 가지 정의	Roman Catholic Doctrine	두 가지 방식으로 purification이 가능하다. 현세와 내세이다. 여기서 연옥(purgatory) 개념이 나온다. 가톨릭 개념은 현세에서 그리스도의 속죄적 능력이 불완전함을 인정한 셈이다. 인간은 수세 후에 죄를 지은 것을 처리하지 않으면 연옥에 가야 하므로 자신의 행실로 거룩함에 도달해야 하며 결국 성화와 칭의도 혼란되어 있고, 언제나 교회의 Sacramental system 속에 있어야 안전할 수 있다.
	Oberlin Position	십자가 스스로 의지적으로 도덕적 헌신을 수행하여 그가 성숙하며 자라나는 것이 성화이다. Inbred sin은 부인되며 consecration과 sanctification이 혼동된다.
	Plymouth Brethren	그리스도 안에서(in Christ) 신자는 의로우며 역시 거룩하다. 의와 성화는 모두 전가되는 것이다(이것은 과도한 hyper-Calvinism의 imputation theory다).
	Keswick Movement (1874)	신자는 그의 상태가 아니라 위치상으로 거룩하다.(Holiness is thus a matter of imputation instead of impartation). 그러나 실제적으로 거룩하기 위한 온전하고 뚜렷한 헌신이 필요하다. 거룩한 삶과 봉사를 위해 그리스도를 통한 하나님의 능력을 믿어 소유할 필요성이 강조된다. 그러나 Wesleyanism의 개념과는 차이가 많다.
	E. F. Walker	Sanctification, in the proper sense, is a work of grace, instantaneously wrought in the person of a believer, subsequent to regeneration, administered by Jesus Christ, through the baptism with the Holy Ghost purifying him from all sin, and perfecting him in divine love.
	John Wesley	Sanctification in the proper sense is an instantaneous deliverance from all sin, and includes an instantaneous power then given always to cleave to God.
	John Goodwin	Sanctification is a divine work of grace, purifying the believer's heart from indwelling sin. It is subsequent to regeneration, is secured in the atoning blood of Christ, is effected by the baptism with the Holy Ghost, is conditioned on full consecration to God, is received by faith, and includes instantaneous empowerment for service.

기독자 완전론의 두 가지 요소	죄로부터의 정결	원죄는 보편적인 인류 모두의 타고난(전가된) 죄이나 그 죄의 힘과 실제적인 경향성은 성결의 영이 내재하므로 즉각적인 자유함과 완전한 거룩에 이를 수 있다. 따라서 기독자 완전론은 원죄의 두 가지 측면을 말한다. 종말 때까지 없어지지 않는 generic한 죄와 그 힘과 원리로서의 죄이다.	
	하나님께 대한 적극적인 헌신	성결의 상태란 죄로부터의 분리와 하나님께 대한 성별을 의미한다. 성령에 의한 신자의 거룩한 사랑이다. 소극적 의미에서는 죄로부터 깨끗해지는 것이고, 적극적 의미에서는 하나님 사랑으로 충만해지는 것이다. 즉 신자의 전 본성이 변화하는 완전한 정결과 사랑이다.	
기독자 완전론에서 말하는 칭의와 성화의 관계	칭 의		성 화
	우리를 위한 그리스도의 사역 하나님의 마음(법정)의 법적 행위 정죄에서 은총에로의 변화 행위죄에서의 사죄 죄책을 제거 하나님의 자녀되게 함 천국에 가는 칭호를 줌 논리적으로 성화에 앞섬 즉각적이며 완성된 행위		우리 안에서 성령이 하시는 사역 인간의 마음속에 일어나는 영적 변화 죄에서 거룩함에로의 내적 변화 원죄에서의 정결함 죄의 힘을 멸함 하나님의 형상 회복 천국에 맞는 (삶) 그러나 동시적으로 시작됨 (initial S) 즉각성이 있으나 entire S는 칭의 후에 온다.
완전론에 대한 주의 사항	기독자 완전은 절대적 완전이 아니다. 천사와 같은 완전이 아니다. 아담의 상태의 완전이 아니다. 지식에 있어서의 완전이 아니다. 죄의 유혹과 경향성에서 면제된다는 것이 아니다.		

기독자 완전론에서의 성화의 수단 (Means or Agencies)		The originating cause is the love of God(요일 4:10). The meritorious cause is the blood of Christ. (procuring cause:요일 1:7, 엡 1:7) The efficient cause or agency is the Holy Spirit(딤 3:5, 벧전 1:2, 살후 2:13). The instrumental cause is truth (요 17:17). The conditional cause is faith (행 15:9, 26:18).
기독자 완전론에 대한 반대론		성경은 이 세상에 죄를 짓지 아니하는 사람은 아무도 없다고 한다(롬 3:10, 왕상 8:46, 요일 1:8, 전 7:20). 인간은 하나님의 자녀가 되었어도 육과 영의 끊임없는 투쟁 속에서 산다(롬 7:7-26, 갈 5:16-24, 빌 3:10-14). 죄의 고백과 용서를 위한 기도가 지속적으로 요구된다는 성경의 교훈, 유혹과 악한 자로부터의 구원을 위해 기도하라는 요구가 제자들에게도 주어진 점이 중요하다(마 6:12, 13, 롬 7:14). 완전론자들은 율법의 요구를 낮은 수준에서 보고, 죄의 개념을 externalize하며 신자가 획득할 수 있는 거룩을 삶보다 순간적 경험으로 대체하는 경향이 있다.
성화와 선행	선행의 신학적 정의 (영적 선행)	영적 선행이란 근본이 하나님께로 비롯한 것이다. (1) 중생된 마음에서 나온다. 하나님을 순종하려는 성질과 하나님께 영광 돌리려는 동기가 매우 중요하다. (2) 하나님의 뜻(계시)에 의식적으로 순종하는 행위이다. 하나님에 대한 사랑과 주님의 뜻을 행하려는 열망에서 흘러나오는 행위이다. (3) 선행의 목적이 인간의 복지보다는 하나님의 영광이다.
	선행의 일반적 정의 (일반 은총)	외부적으로 율법과 일치하는 선행을 비중생자도 행한다. 이웃에 대한 고상한 동기에서, 인간적 칭찬과 인정을 얻으려는 목적에서도 나온다. 그리고 무엇보다도 하나님의 일반 은총에서 해석될 것이다. 이런 선행은 하나님에 대한 영적인 사랑의 뿌리를 찾아 볼 수 없다. Barth는 선행 자체를 거부하며 인간의 모든 행위는 죄라고 본다. 그러나 하나님의 법에 조화되는 일은 선행으로 인정하여야 할 것이다.

선행의 공로적 특징	로마 교회의 교리	로마교회는 meritum de condigno(full merit)와 meritum de congruo(half merit)로 구별한다. 전자는 condign merit라고 한다. 성령에 의한 절대적인 선행이며 구원에 합당한 공로이다. 후자는 인간자신의 공로적 선행인데, 구원에 합당치는 않으나 그럼에도 하나님의 자비로 비례적인 보상을 받아 은혜를 얻으며 구원받을 수 있다. 결국 facere quod in se est(to do what is in one's self)라는 Roman Catholic의 자연신학적 근거를 제공하고 있다. 이것은 더 나아가 신자는 여공(supererogation)을 쌓아 자신의 구원에 필요한 이상으로 공로를 가지면 다른 사람에게 줄 수 있다는 교리로 발전하였다.
	성경의 증거	신자의 선행은 공로라고 부를 수 없다. 그 이유는; ① 신자의 전생애가 하나님께 드려져야 하는 까닭이다. ② 신자는 매일같이 하나님이 주시는 능력이 없이는 선행을 할 수 없다. ③ 신자의 가장 선한 일도 불완전한 것이다. ④ 신자의 선행은 영원한 영광의 보상과 견줄 수 없는 것이다.
선행의 필요성	주의 사항	구원 얻는 데 필요한 조건이 아니다. 구원을 공로 있게 하는 데 협력적 요소도 아니다. 다만 어린아이는 어떤 선행도 없이 천국에 들어간다. Antinomian은 성화를 칭의와 구별치 않음으로써 오류를 범한다.
	선행의 필요성	하나님의 요구하시는 뜻이다(갈 6:2). 신앙의 열매이다(약 2:14, 17). 감사의 표현이다(고전 6:20). 신앙의 확증을 얻는 일이다(벧후 1:5-10). 하나님의 영광을 위하는 일이다(요 15:8). 선교의 접촉점이다(Christian presence). 이방인에 대한 신앙인의 삶이다(마 5:16).
	선행의 기준	하나님의 말씀인 신구약 성경이 기준이다. 그리고 보다 해석이 자세하고 구체화된 신조들도 포함된다. 그러나 율법과 그 요약인 10계명을 들 수 있다. 율법은 이제 구원의 통로는 아니나 신자가 신실하게 지킴으로써 형통하게 되며 축복을 받게 되는 하나님의 명령이다. 그리스도의 순종은 율법의 요구와 저주를 만족시켰으나 하나님의 의지로서의 율법의 축복적 기능은 지금도 살아 있다.

(13) 견 인(Perseverance)

견인 교리의 정의		견인(堅忍)이란 성령께서 신자의 마음속에서 하나님의 은혜의 역사(役事)를 시작하고, 계속하여, 마침내 그것을 완성케 하시는 성령의 지속적 사역이라고 할 수 있다.
견인론의 역사적 고찰	Augustine	최초로 이 교리를 가르친 사람은 어거스틴이었다. 그러나 그는 신생과 참신앙을 누린 자라도 은혜에서 떠나 멸망할 수도 있다고 하여 양분된 주장을 하고 있다.
	Roman Church	인간의 자유 의지 교리를 가지고 Semi-Pelagianism과 같은 입장에서 견인 교리를 부정한다. 인간의 불확실한 순종 여부에 구원의 확실성을 두므로 확신이 없다.
	개혁자들	종교 개혁자들은 이 교리를 바른 위치에 올려 놓았다. 그러나 Lutheran Church에서는 이 교리를 다시 불분명하게 하였으니 인간의 지속적 신앙 행위를 조건으로 하여 그 가능성을 말하며 다시 은혜에서 떨어질 수 있다고 보았다.
	The Canons of Dort V, Art.6. (Calvinism)	But God, who is rich in mercy, according to His unchangeable purpose of election, does not wholly withdraw the Holy Spirit from His own people even in their grievous falls;nor suffers them to proceed so far as to lose the grace of adoption and forfeit the state of justification, or to commit the sin unto death or against the Holy Spirit;nor does He permit them to be totally deserted, and to plunge themselves into everlasting destruction.
	Arminians	Dort 대회의 입장에 정반대의 입장을 표하고 있다. 알미니안파는 신자의 견인을 그들의 의지, 즉 믿으려는 의지와 선행에 의존시키고 있다. Arminius 자신은 극단적이지 않았으나 그 추종자들은 synergistic position을 주장하였다.
	Wesleyan Arminians	인간의 전적 타락과 하나님의 은혜의 절대적 필요성을 말하는데 있어서는 Reformed와 같다. 그러나 구원의 확실성에 있어서는 대체로 Arminian을 따른다.
	Reformed Churches	개혁 교회와 칼빈파 교회들은 신자가 참으로 거듭나고 진실한 믿음을 소유했다면 궁극적으로 구원을 얻으며 완전히 타락하여 은혜의 자리에서 떨어질 수는 없다고 본다.

견인 교리의 주의 사항	견인이란 신자들이 구원의 길에서 계속적으로 인내하는 길을 보여 주나(신자가 협력하기는 한다) 엄격히 말해서 인내하는 것은 인간이 아니라 하나님인 사실을 알아야 한다.
	견인에 있어서 신자의 중간적 과정에서 실수와 오류와 시험에 빠지는 일도 있다고 인정해야 한다. 그러나 종국적으로는 구원에 이르는 것이다.
	견인은 신자의 고유한 내적 소유물이 아니다. 또한 인간의 지속적 행위도 아니다.
견인에 대한 성서의 증거	요 10:27-29 내 양은 결코 멸망치 않고 빼앗기지도 않는다.
	롬 11:29 하나님의 은사와 소명에는 후회하심이 없다.
	빌 1:6 착한 일을 시작하신 이가 끝까지 이루신다.
	*요 14:16, 살후 3:3, 딤후 1:12, 롬 8:32-39, 딤후 4:18
견인에 대한 추론적 증거	선택의 교리에서: 예정은 하나님의 완전한 구원을 전제로 한다. In working it out God endows believers with such influences of the Holy Spirit as to lead them, not only to accept Christ, but to persevere unto the end and to be saved unto the uttermost.
	속죄 언약의 교리에서: 하나님은 속죄 언약(Pactum salutis)에서 자기 백성을 그의 아들에게 아들의 순종과 고난에 대한 보상으로 주셨다. 이 보상은 영원한 차원의 것이지 일시적인 게 아니다.
	그리스도의 중보와 공로의 효력에서: 그리스도의 속죄 사역은 의롭고 완전한 것이며, 그의 현재적 중보 사역은 더욱 이것을 효과 있게 한다(요 11:42, 히 7:25, 요일 2:1).
	그리스도와의 신비적 연합에서: 신자와 그리스도는 한 몸으로 연합되었고(union), 함께 교통하며(communion), 또한 함께 자라는(growing together) 한 유기체이다. 이 연합은 완전하며, 영원하며, 불변하고, 자유로운 하나님의 사랑에서 유래한다.
	성령의 사역에서: 요 5:24, 6:54, 3:36, 요일 3:24, 요 14:16
	구원의 확신에서: 히 3:14, 6:11, 10:22, 벧후 1:10, 요일 5:13

7. 교회론(Ecclesiology)

(1) 교회론 개요

교회론의 중요성	Roman Catholic 교회의 교리학에서는 교회론이 가장 중요하게 취급된다. 저들에게는 말씀(계시)보다도 교회가 앞선다. 교회가 먼저였고 말씀은 후이며, 교회가 정경을 결정하였음을 강조한다. 그리고 교회가 모든 초자연적 은혜의 분배자이기도 하다. 그러나 개혁파에서는 다른 차원, 곧 그리스도의 몸이요 성도의 교제 (Communio sanctorum)로서의 하나님의 백성, 그리고 성령이 역사하시는 장으로서의 교회가 영적 유기체임을 강조한다. 따라서 논리적으로 교회론보다 기독론과 구속론, 성령론이 앞서는 것이다.
교회론을 다루는 시각의 차이	Charles와 A.A.Hodge, H.B.Smith, Shedd, Dabney 등은 비교적 교회론에 강조점을 두지 아니했다.* Bavinck도 그런 경향이 있다. 반면에 Thornwell과 Warfield, 특히 Berkhof와 Buswell, Hoeksema는 교회론을 중시하였다. 신학도에게는 무엇보다도 Calvin의 기독교 강요 4권이 가장 중요한 저작이다. 칼빈에게 있어서는 "경건과 교회를 섬김"이 신학의 목적이니만큼 장로교 목회자는 물론 개신교 목회자들은 필독해야 할 책이다. 현대 신학자 Barth, Burnner와 Hans Küng의 교회론은 자유주의적이며 Radical하지만 참고할 것이 있으며 H. Thielicke의 The Evangelical Faith 3권도 읽어 둘 가치는 있다. 그러나 Doctor Ecclesiae(교회박사)인 Calvin이 더 중요하다.
교회론의 전체적 개관	교회론 ─┬─ 교회의 본질과 정치 ─┬─ 명칭 　　　　　　　　　　　　　　├─ 본질 　　　　　　　　　　　　　　├─ 기능(권세) 　　　　　　　　　　　　　　└─ 정치(직제) 　　　　└─ 은총의 수단(Means) ─┬─ 말씀 　　　　　　　　　　　　　　├─ 세례 　　　　　　　　　　　　　　├─ 성찬 　　　　　　　　　　　　　　└─ (기도)

* Charles Hodge는 Means of Grace 만큼은 잘 다루었다.(Systematic Theology 3권)

(2) 교회의 명칭과 의미

교회의 명칭	구약	קָהַל (카할)	συναγωγή (LXX) "부르다"
		עֵדָה (에다)	"to meet or come together at an appointed place"
	신약	ἐκκλησία (에클레시아)	불러내어 모은 무리=out from among the common mass of the people
교회의 의미	예배를 위하여 일정한 지역에 있는 신자들의 단체, 곧 지교회(a local church)를 의미한다(행 5:11, 11:26).		
	가정 교회를 뜻하기도 한다(롬 16:5, 23, 고전 16:19 등).		
	교회들의 한 뭉치로서 표현된 경우(행 9:31) 이것은 Tisschendorf의 reading에 의한다. 그러나 현대와 같은 교단(denomination)적 개념은 아니다.		
	전 교회의 개념. 즉 온 세상에 흩어져 있으나 외적으로 그리스도를 고백하고, 예배의 목적으로 조직되고, 지명된 직원에 의해 인도 받는 교회다. 또한 영적 유기체의 관념도 포함된다(고전 10:32, 11:22, 12:28, 엡 4:11-16).		
성경에 나타난 교회의 명칭들	그리스도의 몸(고전 12:27, 엡 1:23, 골 1:18)		
	성령의 전(고전 3:16, 엡 2:21-22, 벧전 2:5)		
	위에 있는 예루살렘(갈 4:26), 하늘의 예루살렘(히 12:22), 새 예루살렘(계 21:2, 9, 10)		
	진리의 기둥과 터(딤전 3:15)		
교회의 본질 (비교)	Roman Catholic과 Protestant는 교회의 본질에 대해서 현저한 차이가 있다. Catholic은 외부적, 유형적 조직체로서의 교회, 특히 "가르치는 교회"를 강조한다. 그러나 개신교에서는 성도들의 내면적, 영적 교통에서 교회의 본질을 찾는다.		

7. 교회론(Ecclesiology)

로마교회의 교회관 (본질)	Roman Catholic은 참교회란 4가지 영광스런 속성, 즉 Una Sancta Catholica Apostolica(하나이며 거룩하고 공변된 사도적) 교회인 로마 가톨릭 교회를 말한다. Cyprian때부터 종교 개혁 때까지 계속해서 외형적, 가견적, 제도적, 계급적 교회를 유지시켜 왔다. 교회는 다음과 같이 정의된다: "The congregation of all the Faithful, who, being baptized, profess the same faith, partake of the same sacraments, and are governed by their lawful pastors, under one visible head on earth." 가르치는 교회(ecclesia docens)는 교직자들의 단체로서 배우는(듣는) 교회(ecclesia audiens)와 구별되며, 교회를 구성하는 것은 엄밀할 의미에서 ecclesia docens이다. 그리고 가시적 교회가 먼저라는 주장을 한다.
로마교회의 문제점	지나친 외형화, 가시화, 제도화, 계급화는 비복음이다. Sacramental system 속에 교인을 묶어 두고 그것을 떠나서는 구원도 은총도 받지 못하게 한 것은 반복음이다. 그리스도의 몸이 나누이지 않듯이 성직자단과 평신도가 분리되는 것은 있을 수 없는 일이다.
그리이스 정교회의 개념	Greek Orthodox Church는 로마교회와 거의 비슷한 입장을 취하고 있다. 그러나 Roman Catholic을 참된 교회로 인정하지 않는다. 자신들의 교회만이 오직 하나의 참교회이다. 교회의 두 측면, 가시적이고 불가시적인 면이 인정된다. 그러나 로마교회처럼 외적 조직체를 더 강조한다. 그리고 교회의 본질을 Episcopal hierarchy에서 찾는다. 교회의 무오성이 강조되며 주교단과 회의의 권위 속에서 그것은 유지된다.
개신교의 개념	종교 개혁은 이러한 교회의 외부적인 개념에 반대하여 성도들의 내면적, 영적 교제(교통)에서부터 교회의 본질을 찾았다. 이 교회는 모든 시대의 모든 성도들 외에는 아무도 포함하지 않으며, 이곳 외에는 구원이 없다. communio sanctorum이 가장 합당한 교회의 개념이다.

〈참고〉

Belgic Confession Art. XXVII	We believe and profess one catholic or universal Church, which is a holy congregation of true Christian believers, all expecting their salvation in Jesus Christ, being washed by His blood, sanctified and sealed by the Holy Spirit.
(Second) Helvetic Confession Chap. XVII	(the Church is) a company of the faithful, called and gathered out of the world; a communion of all saints, that is, of them who truly know and rightly worship and serve the true God, in Jesus Christ the Saviour, by the word of the Holy Spirit, and who by faith are partakers of all those good graces which are freely offered through Christ.
Westminster Confession Chap. XXV	The catholic or universal Church, which is invisible, consists of the whole number of the elect, that have been, are, or shall be gathered into one, under Christ the head thereof; and is the spouse, the body, the fulness of Him that filleth all in all.
The Bull of Boniface VIII., Unam Sanctam, 1302, 11, 18.	Boniface, Bishop, Servant of the servants of God. For perpetual remembrance. Urged on by our faith, we are compelled to believe and hold that there is One Holy Catholic and Apostolic Church and we firmly believe and clearly profess that outside of her there is neither salvation nor remission of sins as the bridegroom declares in the Canticles, my dove, my undefiled is one; she is the only one of her mother, the chosen one of her that bare her.

(3) 교회론의 역사

교부 시대 (초기)	교회를 참 Israel로 보았으나 역사적 준비와 교회와의 관계를 언제나 충분하게 이해하지 못했다. 2세기에는 이단들이 일어나 참된 공동 교회는 자신을 알릴 수 있는 외적특징이 필요하게 되었다. 여기서 교회는 사도들의 직접 계승자인 감독들이 다스리는 한 유형적인 조직체요, 참 전통을 소유한다고 생각하였다. 보편 교회가 지교회에 앞선다는 관념이 널리 퍼져 있었다. Montanism, Novatianism, 그리고 Donatist들이 나타났고 순수한 교회원, 성직자의 절개를 강조하였다. 이 분파들 때문에 교회의 감독제가 점점 강화되었다.
Cyprian	감독 교회 교리를 발전시킨 최초의 인물이다. 교회는 감독 위에 세워진 것이라 했다(마 16:18). 감독은 교회원을 박탈, 회복시키는 권세가 있다. 그는 감독의 실제적 제사직과 제사 행위를 결부시켰다. 교회의 통일성의 기초를 감독의 통일성에 두었다. 정당한 감독에게 불순종하는 자는 구원 얻지 못한다. 교회를 떠나서는 구원 받을 수 없다. 유형적, 외형적인 통일체로 이루어진 공동 교회(보편 교회)의 관념을 명백하게 확립시킨 것이 키프리안이었다.
Augustine	어거스틴은 대체로 Cyprian의 사상을 받아들였다. 로마교회가 어거스틴의 교회론을 신뢰하는 것도 그 때문이다. 그러나 그의 교회론이 죄와 은총론처럼 탁월하지 못하게 된 것은 애석한 일이다. 그는 사도적 권위가 감독의 계승에 의해 유지된다고 보았으며, 교회 밖에는 구원이 없다고 했다. 그는 교회의 순수성을 교회의 직원과 성례, 관리권을 가진 객관적인 교회의 조직에서 찾았다. 또한 주관적 순수성을 내면적으로 경건한 자들이 악인과 분리된다는 의미에서 보았다. 성례는 단순히 상징이 아니라 실제적 하나님의 능력이다. 세례시에 하나님은 죄를 용서하시고, 성찬에서 실제적으로 영적 회복을 주신다.
중세 시대	중세기 로마교회는 교황 제도를 발전시켰다. 또한 성직 제도의 지상 교회는 하나님 나라와 동일시되었다. 트렌트 요리 문답은 "교회는 오늘날 이 땅 위에서 무형적 머리인 그리스도와, 로마 교구를 관할하는 베드로의 후계자인 한 분 유형적 머리(지도자:교황)를 모시고 살아가는 모든 신실한 자들의 단체"라 하였다. 교회의 유형적 성격, 가르치는 교회와 듣는 교회, 몸과 혼의 교회, 은혜수여자의 교회, 구원의 기관인 교회는 로마교회의 중요한 특징이 됐다. 특히 유형 교회가 무형 교회보다 앞서며 교회는 coetus fidelium, 즉 신앙의 집단이기 이전에 mater fidelium(신도의 어머니)이다. 가르치는 교회가 듣는 교회보다 앞서며, 구원의 기능도 ecclesia docens에만 있다.

추기경 Bellarmine (1542-1621) 의 정의	Bellarmine의 정의는 중세 로마 가톨릭 교회관을 가장 잘 나타내 주고 있다. (the Church is) "the company of all who are bound together by the profession of the same Christian faith(excludes all unbelievers) and by the use of the same sacraments(excludes catechumens and those that are excommunicated) and are under the rule of legitimate pastors and principally Christ's vicar on earth, the Roman Pontiff."(excludes all schismatics, such as the Greek Christians)
Martin Luther	루터는 교회의 무오성, 특별제사직, 또는 마술적으로 행하는 성례를 거부하고 만인 제사장을 주장했다(그런데 누구나 기도하고 은혜 받으며 하나님으로부터 사죄 받지만 교회의 통치에 있어서 Luther식의 만인 제사는 문제가 된다). 그는 교회를 믿는 자들의 영적 집단이라 했다. Seeberg는 그가 최초로 유형성과 무형성을 구별했다고 한다(동일한 교회의 두 측면). 교회의 유형성은 교황의 권위나 기타 외형적 장식에서 오지 않고 말씀과 성례(이 두 가지만이 Means of Grace 이다)의 순수한 시행에서 나타난다. Augsburg Confession 은 유형 교회를 "복음을 올바르게 가르치며, 성례를 바르게 행하는 성도들의 회중"이라 정의한다(루터 자신은 참회를 강조하였음을 알아야 한다).
Ana-Baptists	재세례파는 로마교회의 형식주의를 극단적으로 배격하였다. 로마교회가 구약적인 교회 조직에 치우쳤으나 이들은 신자만으로 구성된 교회를 주장하고, 어린이는 신앙을 고백하지 못하므로 합법적인 인정을 하지 않았다. 영성과 거룩을 강조하다가 유형적 교회와 은혜의 수단까지도 경시하였다. 이들은 교회와 국가의 완전 분리, 영토적 제도(territorial system), 서약 금지, 공무원과 전쟁 반대 등을 주장하였다. 결국 structure에 반대하는 spirit 운동의 재판이었다. (cf. Montanism)

7. 교회론(Ecclesiology)

Reformed	개혁파도 루터파처럼 교회의 본질을 영적 실재로서 설립된 무형 교회에서 찾았다. 그러나 Lutheran은 교회의 통일성과 거룩성을 직원, 말씀, 성례 등 객관적 요소에서 찾은 것에 비해 Reformed는 더 광범하게 신자의 주관적 교통에서 찾았다. 구원의 가능성은 유형 교회의 테두리 밖에서도 있을 수 있다. 교회의 무형성은 보편적 교회(장소나 시간적 의미), 피택자의 단체, 부름 받은 피택자의 단체(참신자)이다. 그리고 교회의(재림 때까지) 참된 표지는 말씀 선포, 성례의 참된 시행과 진지하고 열정적인 권징(훈련)이 포함된다는 점에서 루터파와 다르다.
Socinian Arminian	소씨니안파는 무형 교회에 대해 말하였지만 실제로는 기독교를 하나의 교리에 지나지 않게 봄으로써 교회의 개념을 무너뜨렸다. 알미니안파는 교회가 본질상 성도들의 무형적 단체라는 점을 완전히 부인하였다. 더구나 징계권을 국가에 양보하여 교회의 독립성을 잃었고, 교회는 선교와 교인 훈계만 하는 것으로 권한을 축소시켰다.
Labadists Pietists	이들은 유형 교회를 경시하고 제도적 장치를 반대하였다. 은밀한 예배와 성령의 내적 조명을 강조하였다. 1666년에 Jean de Labadie는 복음회중교회를 세워 분파주의자가 되었다. 자기 파만 참신자라는 인식이 있는 소종파들은 아직도 산재하고 있다. (Methodists와) Salvation Army, 현대의 무교회주의, 복음서원운동, 구원파 등도 이에 속한다.
근대 이후	점차로 교회를 인간 사회 단체의 수준에서 보려는 시도가 일어나게 되었다. Methodism의 원래 정신과 합리주의가 이 흐름에 공헌하였다. Schleiermacher, Ritschl도 여기에 포함된다. Ritschl은 천국과 교회를 무형, 유형으로 대비했고, 천국은 사랑의 동기로 사는 하나님의 백성의 공동체, 교회는 경배를 위해 모인 동일한 공동체라 하였다. 현대신학에서 Tillich, Barth, Brunner, Küng 등의 교회론이 어떤 면에서 공헌하였으나 부정적 요소가 많다. 특히 Brunner는 유형 교회와 무형 교회의 구분을 비판하였고, 하나님만이 참신자를 아신다는 개념은 교회 타락의 근거를 제시한다고 하여 교회는 드러나야 한다고 주장하였다.

(4) 교회의 구분, 속성, 표지

교회의 여러 가지 성격 (구분)	전투적 교회(a militant Church)는 땅에서 존재하고 있는 교회가 거룩한 전쟁을 하고 있다는 의미에서 부르는 말이다. 교회는 모든 형태의 악의 세력과 흑암의 권세를 대항하여 싸운다. 신자들은 군무(Militia Christiana)에 임하고 있다. 개선적 교회(승리적 교회=a triumphant Church)는 천상의 교회로서 이미 승리하여 더 이상 싸울 필요가 없는 영화롭고 성화된 하늘의 교회다. 창검과 십자가 대신 찬양과 면류관이 있다. 그런데 Roman Catholic은 a suffering Church의 개념을 가진다. 그것은 연옥에 있는 성도들을 의미한다.
	유형 교회(a visible Church)는 신앙 고백, 행위, 말씀, 성례, 조직, 정치에서 그렇게 불리운다. 무형적(invisible)이란 교회가 본질적으로 영적이어서 육안으로 구별할 수 없고, 누가 참으로 소속되었는지 모르기 때문에 붙이는 이름이다. 개혁개자들은 두 개의 교회를 말한 것이 아니라 한 교회의 두 측면을 말하였다. (esp. Luther perhaps gave some occasion for this charge by speaking of an invisible ecclesiola within the visible ecclesia.) 무형 교회란 의미는: ①triumphant Church ②the ideal and completed Church as it will be at the end of the ages ③the Church of all lands and all places, which man cannot possibly see ④the Church as it goes in hiding in the days of persecution, and is deprived of the word and the sacraments. 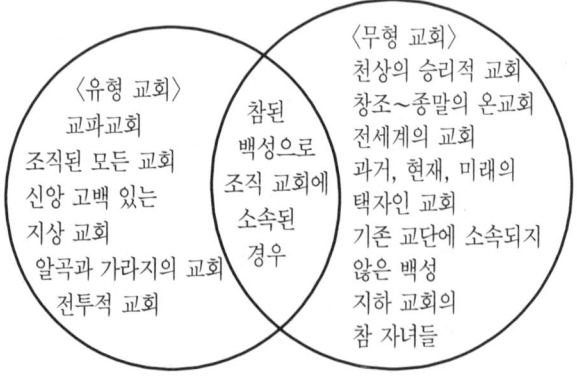

7. 교회론(Ecclesiology)

교회의 여러 가지 성격 (구분)	유기체(organism)로서의 교회는 coetus fidelium(the communion of believers)이다. 교회가 visible하다는 것은 직제와 말씀과 성례 같은 정치의 형태 때문만이 아니다. 공동체적 삶과 신앙 고백과 세상에 대한 공동적 대항에서도 유형적이다. 즉 성령의 띠로 연합된 신자들의 단체인 coetus fidelium이 유기체로서의 유형 교회이다. 또한 mater fidelium(the mother of believers)인 제도적, 조직체(institution)로서의 교회도 역시 유형 교회다. 구원의 수단이며, 죄인을 회개시키는 기관이며, 성도를 완전케 하는 교회이다. 직제와 교회 정치의 형식과 말씀과 성례의 집행에서 그러하다.	
교회의 여러 가지 정의	예정론에서의 정의	coetus electorum =the community of the elect
	유효 소명에서 본 정의	coetus electorum vocatorum =the company of the elect who are called by the Spirit of God(coetus fidelium)
	세례와 고백에서 본 정의	Church as the community of those who are baptized and profess the true faith. ⟨Calvin, Inst., Ⅳ. 1. 7.⟩ the visible Church as "the multitude of men diffused through the world, who profess to worship one God in Christ;are initiated into this faith by baptism;testify their unity in doctrine and charity by participating in the Supper;have consent in the Word of God, and for the preaching of that Word maintain the ministry ordained of Christ."
	James M. Gustafson의 정의	교회를 unity와 continuity로, 더 정확히는 social and historical consistency로 보고 정의하였다. 그러므로 The Church:A Human Community, A Natural Community, A Political Community, A Community of Language, A Community of Interpretation, A Community of Memory and understanding, 그리고 A Community of Belief and Action으로 정의한다. [Treasure in Earthen Vessels]

* **참고**(교회와 하나님의 나라)

하나님 나라의 정의		하나님의 나라(神國 또는 天國)는 본래 종말론적 개념이다. 그리스도의 재림과 아울러 성취되는 하나님의 완전한 창조의 목표점이며, 3위1체 하나님과 천군 천사와 택하신 성도들이 함께 영원하고 참된 사랑의 공동체로 지고의 복된 삶을 누리게 되는 상태이다.
하나님 나라에 대한 오해	여호와의 증인	지상 천국만을 주장한다.
	유대교	Israel의 Davidic Kingdom의 재건(메시야 왕국)
	로마교회	Roman Catholic hierarchical institution
	현대주의자	현상황의 상승과 발전, 개선에 대한 Model
	Ritschl	단순한 윤리적 의미에서의 사랑과 의의 사회
	신비주의자	환상과 꿈으로 다녀 오는 영적 체험의 도식화
하나님 나라에 대한 바른 개념	주권자	3위1체 하나님(구속사에서는 그리스도가 강조됨)
	백 성	천사들과 하나님의 자녀들(현재는 교회)
	영 토	새 하늘과 새 땅(미래적 성취)
	주의 사항	하나님 나라는 구약에서부터 시작되어 있으나 보다 엄밀한 의미에서는 예수그리스도의 초림에서 출발되며 장차 그리스도의 재림시 완성된다.
하나님 나라의 실현에 대한 제견해	C.H.Dodd	Realized Eschatology
	R.Bultmann	Existential Eschatology
	A.Schweitzer	Consistent Eschatology
	O.Cullmann G.Vos	Already and not yet Eschatology
	신학도의 참고 도서 (필독서)	Augustine, The City of God. J. Bright, The Kingdom of God. G. E. Ladd, A Theology of the New Testament. G. Vos, Pauline Eschatology. A. Hoekema, The Bible and the Future.

7. 교회론(Ecclesiology)

하나님 나라와 교회와의 관계	같은 면	하나님 나라와 교회는 그리스도의 통치와 주께 대한 경배에서 동일하다. 그리고 소속되는 자격에 있어서 (회원권) 중생한 자들이 속해 있으므로 무형적 교회란 의미에서 같다.
	다른 면	지상 교회는 제도적, 유형적인 한에 있어서 하나님 나라와 다르다. 유형 교회에는 알곡과 가라지가 섞였으며 그리스도의 온전한 위엄과 통치가 충분하게 나타나지 않는다. 또한 시간적, 공간적 제한과 영토적 차원에서도 같을 수가 없다.
하나님 나라의 특징		영역이라기 보다 "통치"의 개념이 성경에서 강조되고 있다.
		주권으로서의 천국은 그리스도의 초림에서 실제적으로 실현되었다.
		지상 교회의 선교를 통해 그 나라의 백성이 모아지는데 이것이 현재적 의미에 있어서 하나님 나라의 확장이다(성령의 역사).
		하나님 나라는 현재적이며 미래적이다. 이미 소유하였고 또 장차 영화롭게 들어간다.
		이스라엘에서 보여진 하나님의 나라는 교회에서 더 분명하게 나타났고 무형의 불가시적 교회란 측면에서 모든 예정된 자의 총수이다.
		하나님의 나라는 현재에도 삶의 각 영역에서 하나님의 주권과 엄위가 나타나기를 요구하는 현실적인 것이다. 고로 교회보다 넓은 개념이다.
하나님 나라의 확장 (교회와 선교)		지상 교회를 통하여 하나님 나라(백성)가 확장된다.
		인간에게만 주어진 전도를 수단으로 해서 확장된다.
		성령의 권능을 통해서 인간의 입과 삶으로 확장된다.
		역사의 종말과 복음 전도를 통한 하나님 나라의 확장은 깊은 관계가 있다(마 24:14).
		하나님 나라는 그 수가 차기까지 계속해서 확장된다.
하나님 나라의 최종적 완성		하나님 나라의 성취는 3위1체 하나님의 신적 작정의 완성을 의미한다. 사회 발전의 정점이 하나님 나라가 아니다.
		하나님 나라는 역사 내부의 힘에 의해서 성취되지 않는다. 전능자 하나님의 권능과 역사 섭리에 의해 이룩된다.
		하나님 나라는 지상의 다윗 왕국과 하늘의 교회라는 2원화된 성취가 아니다. 하나님 나라는 궁극적으로 하나이다.

여러 시대의 교회	족장 시대		경건한 가정이 교회다. 가장은 제사장의 역할을 한다.
	모세 시대		교회 국가(Church-State)로서 율법적, 의식적 교회였다.
	신약 시대		오순절 교회는 독립적 조직으로 발전했다. 국가적 교회가 세계적 교회로 되었고, 선교적 교회이며 원심적 교회이다. 그리고 의식적 예배에서 신령한 예배로 바꾸어졌다.
교회의 속성	통 일 성	로마교회	전세계를 포함하는 웅대한 세계적 조직에서 통일성을 본다. 교직 정치 중심이다.
		개 신 교	한 몸의 통일체, 곧 모든 신자를 회원으로 하는 예수그리스도의 신비적, 영적 지체
	거 룩 성	로마교회	외부적 형식, 곧 교의, 도덕적 교훈, 예배, 권징 등 의식적 성결이다.
		개 신 교	교회원에 적용한다. 그리스도 안에서 거룩하게 되며, 그의 중재적의로 하나님 앞에 거룩하다 인정된다. 또한 삶의 거룩함이란 내적 원리에서도 그러하다.
	보 편 성	로마교회	로마교회만이 온 세계에 퍼져서 존재하고, 처음부터 존재하며, 계속 존재하고, 회원수가 다른 종파들의 총수보다 많다는 데서 보편성을 찾는다.
		개 신 교	무형 교회만이 진정한 보편적 교회이다. 모든 시대, 모든 신자들을 다 포함하기 때문이다.
	(사도성)	로마교회	사도권이 베드로를 이어 교황권으로 계승된다.
		개 신 교	사도적 신앙의 계승을 강조한다.
교회의 표지 (참교회의 특징적 표식)	말씀의 참된전파		가장 중요한 교회의 표지이다. 하나님의 말씀에 철저한 교회는 최상의 교회이다.
	성례의 정당한 집행		성례는 말씀 선포에 부착된 표지이다. 말씀의 유형적 전파이며 합법적 전파이며 합법적 사역자들이 정당하게 시행한다.
	권징의 신실한 시행		교리를 순수하게 유지하며, 성례를 거룩하게 보수하며, 교인을 참성도로 훈련하는 것이다.

(5) 교회의 기능과 권세

교회의 기능	예배			특히 지정된 장소에서의 공예배와 주일성수.
	선교			선교학에서는 교회의 전기능을 선교에 둔다. 복음전파.
	교육			신자의 양육과 돌봄, 관리 보호, 질적 성장.
	친교			성령 안에서의 koinonia(사죄, 음식, 대화 등).
	봉사			성도간의 봉사, 교회 내외적인 봉사와 규제.
	치유			영적 치유와 육신 치유가 다 포함된다.
교회의 권세	권세의 근원			예수그리스도가 영적 왕국의 왕으로서 주신다.
	권세의 본질	영적임		성령으로 주어졌고, 영의 권세의 현현이며, 신자들에게만 관계하며, 도덕적·영적 방법으로 행사되며, 폭력에 의존하지 않는 것이다.
		사역적임		diakonia leitourgia를 뜻한다. 교회의 권세는 ministerial power이다. 역시 성령의 인도를 따라 말씀과 일치하게 행사되어야 한다. 그리고 예수 그리스도의 이름으로 시행되어야 한다.
	권세의 종류	교리권		Potestas Dogmatica or docendi. 말씀의 보존, 방어(파수), 전파의 권리(권세); 말씀과 성례의 시행권; 신조와 고백서 작성의 권세. 그리고 신학 연구와 목사, 교사 훈련의 의무.
		치리권		Potestas Gubernans
			Potestas ordinans	질서 유지를 위한 규례의 제정권. 규칙과 신조, 헌장, 교인과 직원의 자격, 예배 방식 등을 형성한다.
			Potestas iudicans	권징의 실행으로 순결을 유지하는 권세. excommunicatio는 minor와 major가 있다. 당회가 이것을 3단계로 실시한다.
		봉사권		Potestas or Ministerium Misericordiae 질병치료와 귀신쫓는 권세. 자선 봉사권. 초대교회의 Charismatic gift of healing과 이적은 많이 쇠퇴했으나 아직도 일어나기는 한다.

(6) 교회 직제와 정치(Government)

교회 정치 제도의 여러 형태	
Quakers Darbyites	원리상으로 모든 정치를 배격한다. 교회의 모든 외면적 형식과 조직은 결국 기독교 정신에 배치된다고 한다.
Erastian System	교회를 정부에 종속시킨다. 교직자는 단순한 말씀의 전파자, 교훈자에 불과하다. 국가가 교회를 치리하며 권징한다. 교회의 독립성과 예수그리스도의 머리되심이 무시되었다.
Episcopal Church	영국 교회는 그리스도가 교회의 정치를 직접, 독점적으로 사도들의 계승자인 감독들에게 위임했다고 한다. 신자들은 교회 정치에 참여하지 못한다.
Roman Catholic System	감독 정치를 보다 발전시켜 감독들은 사도들의 후계자였고 사도중 수제자인 베드로의 후계자인 교황은 교회의 무오한 원수가 된다. 그리스도의 대리자인 교황은 교리, 예배, 정치를 결정하고 규정할 수 있다.
Congregational System	회중파는 독립파라고도 한다. 이것은 교회의 대중 정치를 의미한다. 직원들은 단지 지교회의 사역자이고 한 회원 이상의 정치권이 없다.
National Church System	이 제도는 Territorial system에 대립하여 Collegial system으로 불리운다. 특히 C.M.Pfaff(1686-1780)에 의해 독일에서 발전되었다. 개 교회와 그 회중은 국가 교회의 소부분이다. 국가는 공예배를 개혁하고, 교리 논쟁을 해결하며, 대회를 소집한다. 지교회는 아무 권리가 없다.
Reformed or Presbyterian System (원리)	그리스도는 교회의 머리요, 모든 권세의 원천이시다.
	그리스도는 말씀을 수단으로 하여 권위를 행사하신다.
	왕이신 그리스도는 교회에게 권세를 주신다(대표자들). All Church power, in actu primo, or fundamentally, is in the Church itself;in actu secundo, or its exercise, in them that are specially called thereto(직원은 주께로부터 권세를 받음:귀족주의).
	다스리는 권세는 기본적으로 지교회에 있다. 지교회의 치리회가 이 권세를 가지며 여기서부터 노회(지방회)와 대회와 총회로 확산된다.

교회의 직원	비상직원	사도(Apostles):12제자와 바울(바나바, 디도, 야고보) *사도의 자격:① 그리스도께 직접 직권을 받았다.(소명) ② 그리스도의 부활(생애)의 증인이었다. ③ 성령의 영감을 의식하였다. ④ 이적을 행하여 메시지를 확증하였다. ⑤ 그들의 수고가 하나님의 기뻐하심으로 증거되었다.		
		선지자(Prophets):교회의 건덕을 말하는 은사를 소유한 자들이며, 신비를 계시하며 미래사를 예고하기도 했다. 아가보, 시므온, 루기오, 유다, 실라 등이 있다.		
		전도자(Evangelists):사도들과 다니면서 돕고, 일하고, 가르치며, 직원으로 임명되어 파견되고, 권징도 하였다. 전도와 설교, 세례, 권징에 있어서 일반 사역자보다 월등했다. 빌립, 마가, 디도, 디모데 등이 있다(디도는 사도로도 불리웠다).		
	통상직원	장로(presbuteroi or episkopoi=elders)		
		교사(didaskalia=teachers)		
		집사(didakonoi=deacons)		
		목사(poimenes=pastor)는 엡 4:11에만 나온다. 장로 교회에서 목사는 말씀과 치리를 겸하는 장로임을 의미한다.		
	직원의 소명과 취임	통상 직원의 소명	내적 소명=섭리적 지시를 뜻한다.	
			외적 소명=교회를 매개로 한 소명이다. 사람들의 인정과 부름이 또한 중요하다.	
		은사와 소명의 관계	통상 직원은 신중하게 선택되고, 교육 받아야 하나 대부분의 경우에 소명 받은 자는 은사도 함께 주어진다. 양자는 나란히 간다.	
		직원의 취임	임직식	임직될 후보자의 소명과 시취를 본 후에 임직식을 한다. 당회, 특히 노회에서 후보자의 성직 소명을 공적으로 승인한다.
			안수	사도 시대부터 안수가 따랐으니 직위에 대한 성별과 특별한 영적 은사가 주어짐을 뜻한다. 따로 구별된 상징으로 간주된다.

교회의 회의 Ecclesiastical Assemblies	각종 교회 회의	당회 Consistory 지교회의 목사+장로(들)
		노회 Presbytery 지역의 목사(들)+장로(들)
		대회 Synod
		총회 General Assembly
	지교회의 정치	개혁파 교회는 代議政治의 특징을 갖고 있다. 신자는 그들의 대표자로서 치리하는 장로를 택한다. 장로들은 목사와 함께 교회 정치를 위해 당회를 구성한다. 이것은 초대 교회를 모방하는 것이다.
		장로는 신도들에 의해 선택되나 그 권위는 직접 예수그리스도로부터 받는 것이다.
		각 지교회는 밖으로부터의 어떤 정치에도 복종할 수 없고 복종하지도 않는다.
		지교회는 다른 지교회들과 공동적 일치를 기초로 해서 관계를 맺는다. 이때 교회 헌장이 필요하고 상호간의 일치된 사건들이 무시되지 않는다. 그러나 교회의 큰 이익을 위해 자신을 자제하기도 해야 한다.
	*주의 사항	개혁파 교회의 당회원에서 집사가 포함되는 수도 있다. 장로직은 종신직이 아니나 목사는 평생직이다. 장로직은 설교와 성례 집행 자격이 없는 데서 목사직과 구분된다. 목사의 부재시에는 장로가 그 누구도 면직, 파문 등 열쇠권을 행사 못한다.
	광대 회의 (노회/총회)	개혁 교회의 정치는 원리상 전제적이거나 민주적이 아니라 귀족주의적 성격을 가진다. 즉 선택된 몇 개인들에게 권세가 주어져 당회, 노회 등에서 행사 되어진다.
		예루살렘 교회와 안디옥 교회는 몇 지교회로 구성된 듯하며, 행 15장은 명백하게 광대 회의의 성격을 말해 주고 있다.
		광대 회의의 직권은 교회의 통일성과 질서 보존에 관계된 사건을 다루어야 한다. 그 권세가 당회보다 더 높은 것은 아니나 권세의 축적이 없을 수는 없다.

(7) 칼빈의 교회관

기독교 강요 제4권의 제목	The External Means or Aids by Which God Invites Us Into the Society of Christ and Holds Us Therin
	칼빈의 기독교 강요 4권은 지면에 있어서나 내용에 있어서 대단히 방대하고 또한 중요하다. 모든 장로교 목회자들은 강요 4권을 교과서로 읽어야 한다.
교회의 필요성 Inst.,4.1.1.	As explained in the previous book, it is by the faith in the gospel that Christ becomes ours and we are made partakers of the salvation and eternal blessedness brought by him. Since, however, in our ignorance and sloth(to which I add fickleness of disposition) we need outward helps to beget and increase faith within us, and advance it to its goal, God has also added these aids that he may provide for our weakness. And in order thaht the preaching of the gospel might flourish, he deposited this treasure in the Church.
교회의 본질에 관한 칼빈의 견해	신도의 어머니로서의 교회(mater fidelium), 교회는 모든 신실한 자들의 Common mother이다. 신앙의 출발만이 아니라 양육을 위해 신자는 평생 교회라는 학교를 떠날 수 없다. 하나님은 일순간에 신자를 키우지 않는다. Cyprian과 Augustine에 이어 "you cannot have God for your Father unless you have the Church for your Mother."가 중요한 경귀이다.
	그리스도의 몸인 교회.(그리스도는 우리의 머리요, 맏아들이요, 우리는 그와 접붙임 되었고, 그로 옷 입는다)=Union with Christ;possessing Him
	선택 받은 자들의 공동체인 교회(모든 예정된 총수). =congregativ omnium praedestinatorum, 즉 communio electorum이다.
	보이지 않는 교회와 보이는 교회의 구분(Luther 참고) 로마교회의 유형성, 가시성에 대한 비판이 강하다.
	규율과 질서로서의 교회(3가지 power 시행)
	군무(Militia Christiana)로서의 교회. ecclesia militans를 의미한다.
	혼합체(Corpus Mixtum)로 진통하는 교회

교회의 권세(권위)에 대한 견해	potestas δογματική	doctrine	Ins. 8. 말씀 선포권, 교리권
	potestas διατακτική	making Law	Ins. 9-10. 회의의 권한과 입법권, 질서.
	potestas διακριτική	discipline Jurisdiction	Ins. 11-12. 권징과 사법권, 훈련.
* 주의	Calvin은 말씀 선포를 제일 중시한다(하나님의 입의 역할이다).		
교회의 직제 구분	Pastor	목사	교수 사역+목회 사역(말씀과 치리)
	Doctor	교사	성경을 해석, 교리를 보존, 유지한다.
	Elder	장로	목사를 보완, 협조하며 심방한다(후기에 발전).
	Deacon	집사	구제품 분배, 구제금 관리.
* 주의	Calvin은 로마교회의 교직지상주의에 반대하나 교직 제도는 매우 중시한다.		
칼빈의 교회론에서 강조된 점	외적 수단으로서 신자에게 반드시 필요한 mater fidelium		
	예정론적 관점에서 교회의 철저성, 완전성, 영원성이 나온다. 오순절 이전부터 교회는 존재하며 태초부터 종말까지 존재한다.		
	불가견적 교회인 참교회의 소속은 하나님만이 아신다.		
	그리스도가 분리되지 않듯이 교회에서 떨어져서는 안된다. 비본질적 문제로 교회를 분리해서는 안된다. 분열은 큰 죄다.		
	말씀 선포가 왕성할 때 성직이 보존되고, 거기에 성례가 붙는다.		
	그리스도와의 연합으로 인한 하나됨과 그 유익이 전제이다.		
	인간이나 성례라는 instrument를 통해 하나님이 은혜를 베푸신다. 목사 제도는 성령의 통로이다.		
	열쇠의 권한은 말씀 선포가 제일 중요하고, 거기에 교회법으로 매고 푸는 권세가 주어진다. 그러나 칼과 무관하며 회의로 결정해야 한다.		

(8) 웨스트민스터 신조의 교회관

제25장 교회에 관하여	(정의) 보편적이고 우주적인 교회는 불가견적이다. 이 교회는 과거나 현재나 미래에 있어서 머리 되시는 그리스도를 중심하여 모이는 택함을 받은 모든 사람들로 말미암아 구성된다. 그것은 그리스도의 신부요 그의 몸이며 만물 안에서 만물을 충만케 하시는 자 중의 충만이시다.
	(가견적 교회) 가시적 교회도 복음 아래 있는 보편적이요 우주적인 교회이다. 이 교회는 율법 시대와 같이 한 민족에게만 국한된 것이 아니라 전세계를 통하여 참종교를 신봉하는 모든 사람과(그들의 자손들로서) 구성된다. 이 교회는 주 예수그리스도의 왕국이요 하나님의 집이요 권속이다(이곳을 떠나서는 구원의 정상적 가능성이 없다). 이 교회를 통하여 사람은 보통 구원을 받으며 그것과의 결합은 그들의 최선의 성장과 봉사에 가장 요긴한 것이다.
*로마 교황에 대하여	주 예수그리스도는 교회의 유일한 머리가 되신다. 따라서 어떤 사람이 자기가 그리스도의 대리자요 교회의 머리라고 주장하는 것은 비성서적이요 사실 근거가 없는 말이다. 또한 주 예수그리스도를 모독하는 권리 침범이다.
	(1647년판) 주 예수그리스도 밖에는 교회의 머리가 없다. 로마의 교황이 어떠한 의미에서도 교회의 머리가 될 수 없다. 오히려 그는 적 그리스도요 죄의 소유자요 지옥의 아들이요 교회에서 그리스도에 대항하여 자신을 높이 올리며 하나님을 훼방하는 자이다.
성례전 (27장)	은총의 계약에 대한 인치심이다. 교회와 세상에 속한 자들을 각기 구분하는 보이는 표지이다.
	표지와 물질 사이에 영적 관계, 또는 신성한 합일이 있다. 그러므로 한편의 이름과 그 효과는 상대방에게 영향을 준다.
	주께서 정하신 성례는 세례와 주의 만찬이다. 두 예전은 반드시 합법적으로 안수를 받은 하나님의 말씀의 사역자가 집행해야 한다.
세례 (28장)	세례는 물을 머리 위에 붓든지 뿌려서 행하고, 물 속에 잠그는 것은 필요치 않다.
	유아의 경우 부모가 다 믿거나 한편만 믿는 집 아이도 세례받는다.
	세례의 은혜와 구원이 부착되어 있는 것은 아니다.
	세례 성례는 어느 사람에게나 한 번만 베풀 것이다.

주의 만찬 (29장)	주께서 자기의 몸과 피에 의한 성례전을 자신의 교회에서 세상 끝 날까지 지키게 제정하셨다. 이는 자기의 죽음을 통해 이룬 희생을 언제든지 기억케 하시고, 참신자에게 모든 은사를 인치시키고 그의 안에서 신자들이 영적인 양식을 얻어 장성케 하고, 그들이 띠고 있는 모든 의무에 관여하고, 그와 더불어 가질 교제의 매는 줄이 되고, 약속이 되고, 그의 신비적인 몸의 지체로서 서로 교제하기 위해 정해 주신 것이다.
미사에 대한 비판	(1647년판) 교황의 미사라고 부르는 제사는 그리스도만이 모든 택함 받은 사람의 죄를 위하여 드리신 화목제물임을 가장 극단적으로 손상시키는 것이다.
	사적인 미사나 이 예전을 신부에게나 그 밖의 사람에게서만 받거나 또는 일반 신도에게 잔을 나누어 주지 않거나 떡과 포도주에 절을 하거나 높이 들어올리거나 동경하는 마음으로 들고 다니거나 또는 무슨 정상적이 아닌 종교적 사용을 위하여 보관하는 일이 있다면 이 예전의 본질에 대해서뿐만 아니라 그리스도의 제정하신 뜻에도 모순되는 것이다.
* 주의	미사란 성찬식인데 가톨릭 교회의 중심을 이루는 의식이다. 그것은 예배가 아닌 희생 제사의 반복이며 성경의 명백한 교훈인 그리스도의 단회적 희생을 손상시키는 반복음적 우상 숭배라고 할 수 있다.
권징에 대해서 (30장)	교회의 권징은 과오를 범한 형제를 교정하고 잃어버리지 않기 위해 필요하다. 다른 사람들이 같은 과오를 범하는 것을 방지하며 많은 사람들에게 좋지 못한 영향을 줄지 모르는 누룩을 없애 버리고 그리스도의 명예와 복음의 거룩한 직업을 옹호하고 하나님의 진노를 막는 데 필요하다.
* 참고 Calvin의 권징의 목적	죄인에게 크리스찬의 이름을 뺏는 것이다(Ins., 4. 12. 5.).
	선한 사람이 교제로 인해 타락하지 않도록 함이다.
	부끄러움을 통해 회개하여 (돌이키게 함)이다.
대회와 회의에 관하여 (31장)	교회가 더 좋은 통제 기관을 가지고 덕성의 함양을 위해 대회나 회의와 같은 모임이 필요하다.
	모든 대회나 회의는 과오를 범할 수 있다. 고로 믿음과 생활의 법칙이 아니라 이 두 가지를 돕는 것으로 사용해야 된다.
	대회와 회의는 교회의 사건 이외의 것은 취급하거나 결정짓지 않는다. 국가의 일은 원칙상 간섭하지 않는다. 충고는 할 수 있다.

(9) 은혜의 수단(Means of Grace)

정 의	은혜의 수단이란 신자의 영적 향상을 도모해 주는 일체의 것을 뜻한다.		
	일반적 의미	교회 자체, 말씀 전파, 성례, 안식일(주일) 성수, 기도 등	
	특수적 의미	하나님의 말씀과 성례(이 두 가지가 대표적인 것이다)	
구 분	교 회	가장 포괄적인 의미에서의 큰 은혜의 수단이다.	
	말 씀	개신교에 있어서의 가장 중요한 은총의 수단	
	성 례	로마교회	7 성례가 은총의 수단의 모든 것
		개 신 교	세례와 주의 만찬에 국한한다.
	섭리적 인도	신자의 고난과 풍요 등 모든 삶에서 주께 가까이 간다.	
	성직자	목회자를 비롯한 교회의 직원들도 포함된다.	
	Koinonia	성도의 교제도 중요한 은혜의 수단이 된다.	
	기 도	기도는 믿음의 주요 단련이며 동시에 은혜의 수단이다.	
은혜의 수단으로서의 말씀과 성례의 성질	특별 은혜	말씀, 특히 성례는 구속하시는 하나님의 은혜, 즉 특별 은혜의 도구이지 "일반 은총"이 아니다.	
	자체적인 은혜의 수단	말씀과 성례는 그 자체가 은총의 수단이다. 그리고 그 영적 효력은 오직 성령의 작용에 의한다.	
	지속적인 은혜의 수단	정규적으로 반복되며 영속적 가치를 지닌 지속적인 은혜의 수단이다(Heidelberg. Q. 65).	
	그리스도께서 세우신 공식적인 은혜의 수단	말씀 선포와 성례의 시행은 교회에 세워 주신 공식적 은혜의 수단이다. 그것에 의해 성령께서는 사람들의 심령에 믿음을 일으키고 확고하게 하신다. Shedd와 Dabney는 이들을 "means of sanctification"이라고 한다. 말씀은 electics적 의미에서도 은혜의 수단이 되지만 그 경우에는 common grace에 속한다.	

(10) 은혜의 수단에 대한 제견해

고대 기독교 시대	초대교회 시대에는 분명한 관념이 없었다. 단지 세례는 죄인이 거듭나는 수단으로 보았고, 성찬은 성화의 예전으로 생각했다.
로마교회의 견해	유품이나 형상 등도 은혜의 수단이다. 말씀을 정당한 위치에 놓지 않는다. 말씀은 단지 예비적인 가치밖에 안두었다. 성례가 진정한 은혜의 수단으로 간주된다. 특히 로마교회 자체가 우선적인 은혜의 수단이다.
루터파의 견해	하나님의 말씀은 가장 중요시하고, 천주교의 "교회" 위치 대신 "말씀"이 자리잡았다. 루터파는 sacraments ex opere operato (Roman Catholic View)를 거부한다. 그러나 공재설로 인하여 성찬에 있어서는 로마교회로 돌아갔다.
신비주의의 견해	자연과 은총은 다른 질적 차이를 가진 세계이다. 그러므로 Ana-Baptists를 비롯한 신비주의 파에서는 외적인 수단으로서의 은혜는 필요없다고 한다. 성령은 직접적으로 심령 속에 은혜를 주시는 것이다. 말씀과 성례는 단지 내적 은혜를 상징적으로 지시하는 것에 불과하다.
Socinian Arminian Rationalist	합리주의자들은 성례를 도덕적 효과라는 측면에서 말했다. Socinus는 세례를 교회의 영속적인 의식으로 인정하지도 않았다. 은혜의 수단들은 단지 도덕적 설득이란 의미가 있지 신비적인 성령의 작용은 없다고 한다. 그러므로 고백과 기념의 단순한 외적 뱃지에 불과하다.
개혁파의 견해	개혁파 교회는 은혜의 수단 그 자체가 은혜를 준다고는 보지 않는다. 하나님만이 은혜를 주시기 때문이다. 그러나 하나님이 정상적인 수단으로 지정하시고 세우셨기 때문에 공허한 것이 아니며 그것을 통하여 은혜를 주신다고 본다.
개혁파 견해의 이 교리에 대한 특징	하나님은 특별 은혜를 주시는 수단을 통상적으로 세우셨다.
	중생의 역사는 이런 외적 수단이 없어도 직접 성령이 하신다.
	은혜는 수단들 고유의 힘이 아니라 받는 자의 태도(믿음)에 의해 유효하게 된다(로마교회, 루터교회, 영국 고교회와 반대).
	말씀은 성례에서 분리되어서는 안된다.
	모든 은혜는 말씀을 수단으로 해서 지식으로 수혜자에게 온다.

7. 교회론(Ecclesiology)　151

(11) 말씀과 성령의 관계

Judaism Pelagian Semi- Pelagian Arminian	말씀을 통하여 역사하는 성령의 작용을 믿지 않는다. 오히려 지적, 도덕적, 심미적 영향이라는 시각에서 말씀의 효과를 말할 뿐이다. 새 생명을 낳는 데는 말씀으로 충분한 것이다. Semi-Pelagian과 Arminian은 보조적 의미에서 성령을 언급한다.		
Antinomian Anabaptists	성령의 역사에서만 모든 것을 기대한다. 내적 말씀, 혹은 내적 광명의 중요성을 강조한다. 말씀은 전혀 필요없다고 한다. 이들의 슬로건은 "영은 살리는 것이요 의문은 죽이는 것"이다.		
Lutheran	성령은 말씀을 도구로 하여 역사한다. 결국 말씀이 더 중요하고 우위에 있다(per verbum).		
Reformed	성령은 말씀과 함께 역사한다. 성령의 역사가 없이는 말씀만 가지고 죄인을 회개시켜 믿음으로 유효하게 인도하지 못한다 (cum verbo).		
* 주의	"성령 운동"이란 표현이 있는데 말씀이 없는 성령 운동은 위험한 것이다. 신비주의는 말씀을 경시하거나 말씀 없이 바로 은혜 받으려 하고, 합리주의는 성령 없이 말씀만 연구하는 경향이 있다. 올바른 입장은 말씀과 성령이 언제나 함께 역사한다는 것이다.		
말씀의 두 부분 (율법과 복음)	율법과 복음의 차이점	율법과 복음이 절대적으로 반대되는 것은 아니다. 율법은 은혜의 수단이란 점에서 하나님의 성격과 의지의 필연적 표현이다. 율법은 복음을 믿는 것을 요구하고, 복음은 율법 완성을 목적한다.	
	율법의 기능 (용익)	A usus politicus or civilis. 죄를 억제하고 의를 촉진한다(Common grace).	
		A usus elenchticus or pedagogicus. 죄에 대한 책망과 율법의 요구에 대한 무능력을 알게 한다.	
		A usus didacticus or normativus. (tertius usus legis) 신자의 삶에 대한 규칙이다. 제13의 용익은 Antinomian에서 부정한다.	

(12) 기 도(Prayer)

정 의	기도는 영혼과 하나님의 대화이다. 기도는 믿음의 가장 중요한 훈련이며 이것으로 날마다 하나님의 은혜와 유익을 받는다.
기도하지 못하는 자	무신론자, 범신론자, 유물론자, 하나님의 인격성을 거부하는 자들, 모든 종류의 비인격적 신을 믿는 종교가와 철학자(Hodge).
기도의 가능성	하나님의 존재와 그의 인격성. 하나님이 인격신으로 모든 피조물을 인격체로서 관할하신다는 사실. 기도를 요구하심.
기도의 대상	3위1체 하나님
기도할 이유 (필요성) (Calvin)	하늘의 보화가 약속된 것을 실제로 소유하기 위함이다(Inst., 3. 20. 1.).
	① 우리의 마음이 하나님 사랑으로 불붙게 하려함 ② 하나님 앞에 부끄러움과 욕정이 없도록(우리의 심정을 다 토로해야 함) ③ 받은 은혜를 진정으로 감사하기 위해서 ④ 구한 바를 얻고 응답해 주셨다는 확신으로 하나님의 인자하심을 열심히 명상함 ⑤ 기도로 얻은 것을 더 큰 즐거움으로 누리고 받아들이기 위해 ⑥ 주님의 섭리를 확인하고 언제나 보살피심을 알기 위해
기도의 법칙	경외(reverence), 부족한 마음과 회개하는 마음, 자기 확신을 버리고 겸손하게 용서를 비는 것, 확신 있는 소망(Calvin).
기도의 주의 사항 (방법) (Calvin)	예수님의 이름으로 기도한다. 일상 언어로 해야 한다. 똑똑한 말로 하고 분명한 의식으로 한다. 일정한 시간에 마음과 정성을 완전히 기도에 바친다. 하나님을 조정하지 말고 우리가 조정 받도록 해야 한다. 인내로써 기도를 계속해야 한다.
기도의 요건	신실성, 경외심, 겸손, 끈기, 순종, 신앙, 예수 이름(C.Hodge)
기도의 종류 (Hodge)	secret, social, public prayer
	Public Prayer의 주의 사항: ① 집례자의 경우 헌신적 정신이 필요하다(경건한 심령). ② 마음과 기억이 성경의 사상과 언어로 잘 준비되어 있어야 한다. ③ 내용이 질서가 있고 경우에 합당해야 한다. ④ 말이 단순, 위엄, 정확해야 한다. ⑤ 짧아야 한다.

(13) 세 례(성례 개관과 세례론)

성례의 용어	Sacramentum(신비, 비밀)=mystery, sign, seal ① 군인이 사령관에게 엄숙히 복종을 서약하는 군중 선서(軍中宣誓). ② Vulgate에서 musterion이 sacramentum으로 번역.			
Sacrament 의 정의	A sacrament is a holy ordinance instituted by Christ, in which by sensible signs the grace of God in Christ, and the benefits of the covenants of grace, are represented, sealed, and applied to believers, and these, in turn, give expression to their faith and allegiance to God.			
성례의 구성부분	외면적 유형적 표호	물(세례)과 떡 및 포도주(성찬)		
	내면적 영적 의미	은혜 언약, 믿음 의의, 사죄, 신앙과 회심, 그리스도와의 연합 등		
	표호와 사물의 연합	가톨릭파	물리적 연합(본체 변화)	
		루터파	장소적 연합 (통일 공간)	
		쯔빙글리파	단순한 상징(비연합)	
		개혁파	영적인 연합 (실제적 연합)	
성례의 필요성	로마 가톨릭	세례는 구원에 절대 필요하고, 고해 성사는 세례 후 대죄 범한 자에게 필요하며, 견신례나 성찬례, 종유례는 시행 명령이 있거나 도움이 될 때 필요하다.		
	개신교	구원에 절대로 필요한 게 아니라 하나님의 명령으로 의무적인 것으로 본다. 순종의 원리와 영적 유익으로 생각한다.		
신구약 성례의 차이	로마 가톨릭	구약 성례는 단지 예표적이며 영적 조건을 갖추지 못했다. 받는 자의 법적 위치만 갖추었다. 받는 자의 믿음에 좌우된다. 신약 성례는 ex opere operato로 은혜를 준다.		
	개신교 (개혁파)	신구약 성례는 본질상 동일하다. 다만 구약 성례는 영적 의미 외에 국가적 측면이 있고, 구약 성례는 그리스도를 앞으로 보았으며 장차 나타날 은혜의 인호였다. 신약 성례는 그리스도와 완성된 구속의 제사를 회고한다. 그리고 더 풍부한 영적 은혜를 전한다.		
성례의 수	구약	할례와 유월절	신약	세례와 성찬
	로마교회	세례, 성찬례, 견신례, 고해례, 안수례, 결혼례, 종유례		

세례의 제도	그리스도께서 부활하신 후(속죄 사업을 완성하신 후) 세례를 제정하셨다. 그의 충만하신 중보적 권위로 제정하시고 모든 시대로 의무적으로 지키게 하셨다.	
세례의 의미	기독교는 그리스도를 통하여 하나님이 베푸신 모든 것을 소유하는 종교다. 세례의 물은 그리스도의 모든 것을 부어 주시는 물이다. 그리스도의 제자가 되려는 사람은 새 관계에 들어가는 표로 세례를 받아야 한다.	
세례의 시행	성부, 성자, 성령의 이름으로, 합법적인 공인된 목사가 시행한다. 말씀과 성례의 집행은 동일 집권이므로 복음의 사역자만이 합법적이다.	
세례 의식의 양식문제	침례교회의 "침수" 주장은 타당한 것인가?	
	해답	침수만이 유일한 세례 양식이 아니다. 예수께서 특별한 양식을 제시하지 않았다. baptizo는 반드시 담그는 뜻만 있지 않다.
	① 신약에서 세례 주는 경우 물에 잠기웠다는 명백한 설명이 없다. ② 고대부터 세례는 뿌리거나 붓는 것이 관습이었다. ③ 세례요한과 오순절 때의 군중이 침수에 의했다는 증거가 없다. ④ 영적 갱신은 물을 뿌림으로 되었다고 간혹 증거된다(히 10:22).	
	세례의 상징에서 본질적인 것은 영적 성결과 정화이지 외면적인 의식이 아니다. 그러므로 어떤 양식을 고집하기보다 사도적 전통을 따르는 것이 올바르다.	
세례의 대상자	장년 세례	신앙 고백을 한 장년은 세례를 받을 수 있다. 그러나 그 고백의 진실성은 고백자에게 있지 교회에 있지 않다.
	유아 세례 (영아)	침례파, 재세례파는 유아 세례를 반대한다. 성결교회는 헌아식이라고 부르며 시행한다.
		유아 세례는; ① 아브라함과의 언약이 영적 언약이며, 할례는 그 표였기에 신약에서 그 약속의 성취와 해석으로 입증된다. ② 구약의 언약은 아직도 유효하며 신약의 그것과 본질적으로 동일하다. 언약은 불변적이다. ③ 어린아이도 언약의 은혜에 참여했다. ④ 세례는 할례를 대신한다(골 2:11-12). ⑤ 신약은 가족 전체가 세례 받았다고 여러 번 증거한다 (마 19:14, 행 2:39, 16:15, 33).

7. 교회론(Ecclesiology)

세례의 대상자	유아 세례에 대한 개혁파 입장	① 영아들의 가정적 중생을 근거로 하여 세례를 준다. ② 중생의 약속도 포함하는 하나님의 전포괄적인 약속을 근거로 하여 유아에게 세례를 준다.
	은혜의 수단으로서의 유아 세례	유아들이 세례 받았을 때 중생됐다고 가정하면 그것은 마음에 내재하는 은혜의 시초가 어떤 신적인 방법으로 강화됐다고 볼 수 있다. 세례 후 의미를 인식할 때는 더욱 강화된다.
Calvin의 세례론		a sign of our forgiveness, of our participation in Christ's death and resurrection and also in his blessings(의미) Inst., 4. 15. 1.
	강조점	세례는 그리스도 안에서 죽고 새로워진다는 증표이다.
		세례는 그리스도와 연합되었다는 증표이다.
		세례는 믿음을 굳게(confirming) 하는 것이다.
		Sign of the initiation=Baptism our bread of spiritual life=Lord's Supper
	목적	하나님 앞에서 우리의 믿음에 도움이 된다. 사람들 앞에서 우리의 고백에 도움이 된다.
	주의	세례의 효력은 말씀 없이 물에 있는 것이 아니다.
		세례는 우리의 믿음을 일으키고 자라게 하며 강화하기 위해서 주시는 것이므로 제정하신 분(the Author)에게 직접 받는 것같이 받아야 한다.
		주께서는 우리의 눈에 단순한 외형만을 보이게 하시는 것이 아니라 우리를 현존하는 실재에로 인도하시며 외형이 상징하는 것을 효과적으로 실행하신다(4. 15. 14.).
		세례는 집례하는 자의 공로에 의존하지 않는다.
		유아 세례는 그리스도께서 세우신 제도와 표징의 본질과도 부합되는 것이다.
		"물과 성령으로"에서 물과 같은 일을 하는 성령에 의해서 거듭난다고 해석해야 된다(씻는 데 있어서). 즉 물과 성령은 "물인 성령"이라고 보아야 타당하다(칼빈은 요 3장의 문맥상 니고데모의 육신적 상상과 대조하여 해석한다).

(14) 성만찬(Lord's Supper)

성찬 제도	구약 유월절의 중심적 요소와 연결되는 성례이다. 양고기와 함께 먹은 떡은 새 용도에 바쳐졌고 거기에는 "축복의 잔"이 있었다. 하나님의 참된 양이 죽음으로써 유혈에서 무혈 성례가 되었다.	
성찬의 의미	주님의 죽음을 상징적으로 표현한다(고전 11:26).	
	신자가 십자가에 못박히신 그리스도에게 참여하는 것을 상징한다.	
	영혼에 생명, 능력, 기쁨을 줌으로써 영적 음식의 효과를 나타낸다.	
	예수그리스도의 신비적 신체의 지체가 되는 신자들의 상호 연합을 상징한다.	
성찬의 날인 (Seal)	참여자에게 그리스도의 위대한 사랑을 인쳐 준다.	
	언약의 모든 약속과 복음의 축복이 다 자신에게 소유된 것을 확증적으로 믿는 믿음을 보증한다.	
	구원의 축복이 현실적으로 자기의 것임을 확증해 준다.	
	믿음으로 참여하는 자에게 신앙 고백의 뱃지이다. 구세주로 그리스도를 고백하고, 왕으로 충성하며, 그 명령에 순종할 것을 서약한다.	
성찬에서 "임재"의 문제	로마교회	화체설(Transubstantiation)
	루터교회	공재설(Consubstantiation)
	쯔빙글리파	기념설(Commemoration / Symbolism)
	개혁파	영적 임재설(Spiritual presence)
은혜의 수단인 성찬	로마교회 영국교회 루터교회	주의 성찬에 참여하는 자는 누구나 수찬시에 도중에 중지되지 않는 한 은혜를 받을 수 있다. 참여자의 신앙에 의하는 것이 아니다(ex opere operato).
	개혁교회	성찬은 신자를 위해서만 제정되었다. 그리고 은혜의 시작이 아니라 강화에 이바지 한다. 성찬은 도구다.
참여자의 기준	바른 대상	신앙을 적극적으로 실천하고, 영적 의의를 아는 사람들.
	참여치 못하는 자	분별력 없는 어린이, 불신자, 권징의 시행에서 수찬 정지자, 완고한 진리의 배교자.

7. 교회론(Ecclesiology)

성찬의 용례		고전 11:20 Deipnon Kuriakon (Lord's Supper)
		고전 10:21 Trapeza Kuriou (Lord's Table)
		행 20:7 Klassis tou artou (Breaking the bread)
		고전 10:16 Eucharistia, eulogia (Thanksgiving, blessing)
칼빈의 성찬론 Inst.,4.17.	전제적 지식	Inst., 1.1.1., 3.1.1., 3.12.1., 3.20.1., 4.1.1., 특히 4권 14장~17장 하나님의 창조, 거룩, 인간의 타락, 그리스도의 은혜, 구속, 믿음의 신학적 맥락을 파악함이 필요하다.
		Calvin에게 중요한 것은 신학을 위한 신학이 아니라 믿음을 세우고 확고하게 하는 것, 교회를 섬기고 주를 경외함이 목적이다(구원론적 의미와 믿음의 원천으로서의 하나님 인식).
	은혜를 얻는 방법	① 하나님 자신만이 은혜를 주신다(Source). ② 그리스도를 통해서 온다(through Christ). ③ 그리스도와의 연합과 교제, 함께 자람으로 소유된다. ④ 반드시 믿음으로 온다(by faith). ⑤ 성령이 하시는 일이다(secret energy of H.S.).
	성찬의 유익	보증과 표를 주시므로 우리가 그 신비를 눈으로 보듯이 확실히 알게 하신다. 그러므로 성찬에서 현존하시는 그리스도를 친히 눈앞에 계시며 손으로 만지는 것같이 생각한다.
		주의 몸과 피가 우리의 구속과 구원을 위해 단번에 결정적으로 주어지지 않는다면 지금 그 몸과 피를 분배하는 것은 우리에게 유익이 없는 것이다.
	성찬의 특별한 결실	그리스도와의 연합(Union with Christ)
		믿음이란 하나님이 그리스도를 통하여 내게 베푸신 모든 것을 확실히 아는 것이다. 그리스도와 그의 모든 유익을 받는다(Rom 8:32). 천국이 그리스도와 분리될 수 없듯이 우리도 그리스도와 분리될 수 없다(4권 17.4, 5.).
	오해	표징을 경시하는 행위 (Zwinglian)
		표징을 과도하게 찬양 (Lutheran)
		표징을 하나님으로 봄 (Catholicism)

칼빈의 성찬론	성찬의 구원론적 의미	그리스도가 우리의 것이 되고, 그의 모든 은혜와 유익이 우리의 것이라는 사실이 중요하다(그리스도가 누구신지 아는 게 먼저이다).
		성찬은 그리스도와 합하여 그를 소유하며, 그리스도의 것은 다 우리의 것이 되고, 우리 죄와 허물은 그리스도께 가는 거룩한 교환이다. 그에 대한 믿음의 강화다.
	성찬의 그리스도 임재 문제	우리가 그리스도의 모든 것에 참여하는 것이 Sacrament의 힘인가? 믿음으로 되는 것인가? 떡과 포도주가 효력이 있는 게 아니라 믿음으로 된다.
		은혜를 베푸는 분은 하나님이나 왜 외적 수단에 의지하는가? Sacrament는 그 자체의 힘은 없고 하나님이 사용하시는 도구이며, 그것을 통하여 은혜를 베푸신다.
		성찬과 은혜는 기계적으로 묶여 있지 않다. 하나님은 다만 성령의 능력으로 떡과 포도주가 figure하는 것을 실제로 나타내신다. 즉 Sacramemt에서 figure된 것이 택자에게 나타난다. 그래서 은혜가 시간적으로, 장소적으로 Sacrament에 bind된 게 아니고 성령으로 믿음을 가진 elect에게 conjoin된다(reality로).
		그리스도가 하늘에서 내려오는 게 아니라 우리가 그에게로 들려 올리워 진다(Inst., 4.17.18., 31.). 신자는 영적으로 하늘에 들리어 올라가 그 몸에 참여한다. 이것은 그의 진정한 몸과 피에 영적으로 참여하는 것이다. 참된 reality로서 우리는 임재를 누린다.
	성찬의 횟수	성찬은 자주 행하는 것이 좋다(매주하는 것도 좋은 일이다).
	성찬에서 주의 사항	떡을 숭배하는 행위(성체 숭배) 잔을 신도에게 주지 않는 것 한 가지만 행하는 성찬 말씀이 없는 성찬 믿음으로 받지 않는 마술적 성찬

8. 천사론(Angelology)

천사의 용어	angel=ἄγγελος(사자, 천사) 히 malak에 해당 messenger(human or divine)	
	하나님의 아들들(욥 1:6, 38:7)	
	거룩한 자들(시 89:5, 7)	
	천군, 만군(시 89:6, 삼상 17:45, 사 31:4)	
천사론의 역사	교부 시대	초대 교회 때부터 천사의 존재는 확신되었으나 영기체로 생각하거나 분명치 않은 개념을 가졌다. 그러나 모든 천사는 피조된 선한 존재요, 그 중 얼마는 타락하였다고 생각했다. 천상 세계의 계급이 인정되었고, 재난과 질병은 악령이 준다고 믿었다.
	Dionysius the Areopagite (3등분)	보좌, 그룹, 스랍(the closest being)
		능력, 주관, 권세(the second)
		정사, 천사장, 천사(the third)
	Augustine	선한 천사들은 순종으로 견인의 축복을 받았으나 교만한 천사장인 사단의 타락으로 교만이 세상에 들어왔다.
	Laodicea 회의	천사 숭배가 정죄되었다. 다신론적 경향이 기독교에 들어왔으나 정통 기독교는 즉시 이를 배격했다.
	중세 Schola 신학	영적 세계와 물질 세계는 동시기에 창조되었다고 본다. 천사들의 지식은 한계가 있다. 호수 천사 개념은 매우 인기가 있었다. Thomas는 천사들의 지적 행위를 부인하였으나 Scotus는 인정하였다.
	개혁자	천사들의 사역을 생생하게 인식하였으나 그 교리를 발전시키지는 않았다. 다만 사단의 존재와 힘은 인정하였다. Calvin은 사단이 하나님의 간섭하에 있고, 때로는 하나님의 도구라고 보았으며 한계가 있다고 했다. 개신교 학자들은 거의 다 천사를 단순한 영적 존재로 본다.

천사론의 역사	Belgic Confession Art. XII.	He also created the angels good, to be his messengers and to serve His elect:some of whom are fallen from that excellency, in which God created them, into everlasting perdition;and the others have, by the grace of God, remained steadfast, and continued in their primitive state. The devils and evil spirits are so depraved that they are enemies of God and every good thing to the utmost of their power, as murders watching to ruin the Church and every member thereof, and by their wicked stratagems to destroy all; and are therefore, by their own wickedness, adjudged to eternal damnation, daily expecting their horrible torments.
	Swedenborg	모든 천사들은 원래 인간인데 육신적 형태로 있었으며 그들의 위치는 현세에서의 그들의 삶에 따라 결정된다고 하였다.
	합리주의	천사란 하나님의 보호와 도우심에 대한 상징적 표현으로 본다.
천사의 특징	성경의 증거	지성적, 도덕적 존재(삼하 14:20, 마 24:36)
		인격적 행위가 있음(눅 15:10, 벧전 1:12)
		결혼하지 않음(마 22:30)
		보이지 않음(골 1:16)
		제한된 공간에도 다수로 임재(눅 8:30)
		골육이 없음(눅 24:39)
		피조물이며 영적 존재임(마 8:16, 히 1:14)
		얼마는 선하고 얼마는 악함(요 8:44, 딤전 5:21)
		얼마 동안 인간보다 탁월함(히 2:7, 삼하 14:20)
		한꺼번에 창조되었고 무수하게 많음(골 1:16, 마 22:30, 히 12:22, 계 5:11)
		천사 세계에는 계급이 있음(다음 항 참고)

8. 천사론(Angelology)

천사의 계급	하나님의 보좌관	그룹과 스랍	Cherubim은 낙원의 입구를 지키고, 속죄소를 덮으며, 하나님의 강림에 동행한다. 성막과 성전의 그룹 사이에 하나님이 계신다. 하나님의 권능과 위엄과 영광을 계시한다.
			Seraphim은 하나님 보좌 주위에서 하나님께 시종든다. 또한 찬양을 드린다. 대기 상태에서 명령을 기다리는 귀족 천사이다.
	천사장	미가엘	하나님의 용감한 영적 전사이다.
		가브리엘	계시 전달과 해석을 하였다.
	타락자	루시퍼	사단론(Satanology→)
	세속 정치와 관련된 듯한 영적 권세	세상 주관자 정사 권세 보좌	archai=principalities(정사) exousiai=powers(권세) thronoi=thrones(보좌) kureotetoi=dominions(주관)
천사의 사역	하나님께 대한 사역		그룹은 하나님의 거룩을 지킨다. 천사들의 평상 봉사는 하나님을 찬양하는 것이다. 스랍도 역시 하나님 보좌에서 거룩을 지킨다.
	그리스도께 대한 사역		그리스도의 탄생을 예고하고, 유년기를 보호하며, 시험에 시종들고, 겟세마네에서 힘을 돕고, 부활을 선포하였다. 승천에 함께 했고, 재림과 심판에도 동역하며 섬긴다.
	신자에 대한 사역		육체적 보호와 공급, 용기 부여, 방향 제시, 기도를 도움. 본향으로 인도함. 계시의 중재, 축복의 전달, 회개를 기뻐함, 소자를 보호, 교회에 임재.
	불신 세계에 대한 사역		주로 심판을 행사한다. 죄에 대한 경고. 하나님을 모독 하는자에게 보응적 심판을 계시 차원에서 보인다. 대환난 때는 진노의 도구로 활약한다.

* 사단론(Satanology)

명 칭	사단(Satan) ⓗ ha-satan ⓖ satán 뜻:대적자, 중상자(Adversary, enemy)	
사단의 존재에 대한 오해	symbolism	각종 재난, 질병, 사고에 대한 표현으로 본다.
	mythology	신화나 우화 또는 꾸며낸 이야기로 취급한다.
	Dualism	하나님과 더불어 최초부터 존재했다는 것
	Idealism	실재자가 아니라 관념의 세계에서만 인정
	Humanism	인격체임을 부인하고 힘만 인정한다.
	Moralism	인간의 내적 성향이 악한 것을 표현한다.
사단론의 유익	하나님과의 관계에서 넓은 섭리적 시각을 소유한다.	
	영적 싸움에서 속지 않기 위해서 필요하다.	
	성격은 명백하게 사단의 위협과 공격을 가르친다. 신자는 사단을 앎으로써 영적인 무장을 강하게 한다.	
사단의 존재	창 3:15, 욥 2:1, 대상 21:2, 슥 3:1-2	직접적
	사 14:12-17, 겔 28:11-19	암시적 증거
	마 4:10, 12:26, 막 1:13, 3:23, 26, 4:15, 눅 11:18, 22:3, 요 13:27 (신약은 보다 명백하다)	
	그리스도 자신은 25회나 언급하셨다.	
사단의 인격성	지성(엡 6:11), 속임(계 12:9), 성경 인용(마 4:5-6), 감정(사 14:12-17), 원함(딤전 3:6), 진노(계 12:12), 의지 표현(마 4:3), 인격적 행위(욥 1:9-10→말함) (마 4:3→시험) (엡 6:11→계획) (계 12:10→고소). 이상에서 본 것처럼 사단은 인격체로 존재하며 인격적인 행위를 한다. 따라서 단순한 상징적 존재나 관념 세계, 혹은 지옥에만 존재하는 것이 아니라 현재도 역사하는 실존적 존재이다.	

8. 천사론(Angelology)

명 칭	의 미	성 경
사 단	대적자	마 4:10
마 귀	중상자(사단의 다른 이름)	마 4:1
악 한 자	본래적으로 악함	요 17:15
큰 붉은 용	파괴적 존재	계 12:3, 7, 9
옛 뱀	에덴에서 속인 자	계 12:9
아 바 돈	파괴(멸망) (히)	계 9:11
아 볼 루 온	파괴자 (헬)	계 9:11
대 적 자	적수(원수)	벧전 5:8
바 알 세 불	파리 주인(바알세붑)	마 12:24
벨 리 알	무가치함, 사악함	고후 6:15
이 세 상 신	세상의 철학을 지배함	고후 4:4
이 세 상 임 금	세상 제도를 다스림	요 12:31
공중권세 잡은자	불신자 세계를 통치함	엡 2:2
적	원 수	마 13:28
시 험 하 는 자	사람들이 죄 짓도록 유혹함	마 4:3
살 인 자	사람들을 영원한 사망으로 인도함	요 8:44
고소자 중상자	하나님 앞에 신자를 고발함	계 12:10
계 명 성	Lucifer(라틴) K.J.V.에 인용. 그러나 이 명칭은 다른 설명에서 잘 발견되지 않는다. 비유적 의미에서 사단을 칭한다.	사 14:12

사단의 기원	일반적으로 겔 28:12-15, 사 14:12-20에서 기원을 찾는다. 그러나 확실한 주석적 지지는 받을 수 없다.
사 14:12	(히) הֵילֵל → (헬) ἑωσφόρος → Lucifer
대다수의 공통점	타락한 천사(장)가 사단이라는 데에는 많은 학자들이 공감한다. C.Morgan, C.Hodge, A.H.Strong, A.C.Gaebelein, M.F.Unger, L.Berkhof.
단어와 문맥에서 암시된 점	사단은 하나님을 가까이 모셨었고, 천사 중 우두머리였던 것 같으며, 성가대(음악)와 관련이 있는 듯하다. 히브리어 הָלַל 은 Singing을 הָלַל 은 praise를 뜻한다.
사단의 원상태	하나님의 존전에서 지고한 위치에 있었다. 하늘의 광채로 둘러싸여 있었고, 존귀히 여김 받았다. 천사장으로 불리울 수 있는 존재였다. 혹시는 하늘 찬양대의 지휘자나 성가대장이었는지도 모른다.
사단의 타락	교만이 타락의 원인이었다. 그의 마음이 높아져서 그의 지혜는 부패되었다. 그의 의지로 스스로 타락하였다. 그는 하나님과 같이 되려고(To be as God) 하였다. 뭇별 위에 높이 되고자 하였다. 이 죄는 아담과 하와의 타락에 꼭같은 원리로 작용하였다.
사단의 영역	하나님의 보좌에서 쫓겨났다. 영원한 결박을 당함.
	공중 권세를 잡았다.
	두루 다닌다는 표현을 보아 무소부재하지 않다.
	특히 불신 세계를 장악하고 믿는 자도 공격한다.
사단의 심판	이미 보좌에서 쫓겨났고(계 12:4, 겔 28:16-17), 에덴에서 예언되어 궁극적 파멸을 선고 받았다(창 3:15). 그의 사망 권세가 그리스도의 십자가 권세로 깨졌다. 1000년간 무저갱에 갇힌다(계 20:2-3) (히2:14). 마침내 불못에 던지운다(계 20:7-10).

8. 천사론(Angelology)

사단의 조직적 사역	무신론, 공산주의, 인도주의, 진화론 등의 사상적 역사
	우상 숭배정치, 이세벨주의, 종교 정치(회교권)
	정치 권력, 세속 사회적 힘, 구조악
	거짓 선지자, 각종 혼합주의
사단에 대한 신자의 승리 원칙	그리스도의 오심(요일 3:8) 자체가 승리의 보장 사단의 참소가 끝남(계 12:10) 그리스도의 죽음은 사단의 심판(요 3:15) 그리스도의 승리가 신자의 승리(요 16:33, 요일 4:4) 넉넉히 이긴다는 약속(롬 8:32-39, 히 1:14) 교회의 승리를 격려하시는 그리스도(계 3장, 마 16:18) 권세를 위임해 주심(마 10:1, 눅 10:1-17, 막 16:17)
사단의 공격 무기	거짓말, 거짓 선지자(요 8:44, 살후 2:9-10, 고후 11:14, 마 24:24)
	유혹으로 범죄케 함(마 4:1 이하)
	사망 권세로 두려움을 시도(히 2:1, 마 10:28)
	진리를 가리우고 빼앗음(고후 4:4, 막 4:15)
	비진리를 심는 것(마 13:38-39)
	올무를 놓는 것(딤후 2:26, 딤전 3:7)
	악한 생각과 부정적 관념 침투(요 13:2, 행 5:3)
	나쁜 소문을 지어냄(느 6:6)
	시험에 빠지게 함(마 6:13, 살전 3:5)
	변론과 이론을 즐기게 함(고후 10:4-5, 딤전 5:3-5)
	부도덕과 방탕함(고전 5:5, 7:5)
	신앙 동요, 성도 교제 방해(눅 22:31, 살전 2:18)

* 귀신론(Demonology)

용어의 정리	사단(Satan)은 마귀(Devil)의 다른 이름이며 단수로 사용되나 귀신(demons)은 복수로 흔히 나타난다. demon→ ㉪ daimonion($\delta\alpha\iota\mu\acute{o}\nu\iota o\nu$)	
귀신에 대한 제견해	Philo Josephus	악한 자들의 죽은 영들이 귀신이다. Spirits of deceased evil people.
	Pre-Adamic race Theory	G.H.Pember는 Earth's Earliest Ages에서 아담 이전의 인종들이 반란 후에 육체를 상실하여 귀신들이 되었다고 한다. 그래서 육을 입으려고 간절히 소원하고 있다는 것이다.
	Nephilim	천사들과 홍수 이전의 여인들과의 사이에 태어난 거인(장부)들로서의 귀신론이다. (Book of Enoch, Locus Classicus)
	Hodge Strong Unger	타락했으나 감금되지 않은 천사들이 귀신들이다. 그리고 사단은 귀신들의 왕이다(마 12:24, 25:41). "귀신의 왕", "마귀와 그의 사자", 그리고 "용과 그의 사자들"(계 12:7)에서 증거된다.
도해	천사들 ├─ 타락한 천사들 ─ 사단(왕) ─ 감금된 귀신들 / 활동적 귀신들 │ 영구(탈타로스) / 임시(무저갱) └─ 타락하지 않은 천사들 ─ 그룹, 스랍, 천사장들 ─ 미가엘, 가브리엘 / 천군, 천사들	

8. 천사론(Angelology)

귀신들의 특징	귀신들은 영적 존재들이다. 육신을 가지고 있지 않다. (마 8:16, 눅 10:17, 20)	
	귀신들은 지역에 국한되며 무소부재하지 못하다. (마 8:28-34, cf. 행 16:16)	
	귀신들은 지성이 있으나 전지한 것은 아니다. (막 1:24, 마 8:29, 딤전 4:1)	
	귀신들은 능력이 있으나 전능하지 못하다. (막 5:3-4, 9:22, 9:32, 요 10:21)	
귀신들의 활동	하나님을 반대하고 하나님의 뜻을 파괴하려 한다.	
	사람들을 억압하고 행복을 방해한다.	
	결과적으로, 궁극적으로는 하나님의 뜻을 성취한다.	
	질병을 가져온다.	
	생각과 마음에 영향을 미쳐 범죄케 한다.	
	사람들을 속인다.	
	국가들을 속인다.	
귀신들의 본성	영적 본성	경건치 않은 자들에게 힘을 더한다. 더러운 영으로 표현되고 있다. 하나님을 배반하고 교만한 성격이 나타난다.
	지적 본성	귀신은 지성적 성격이 있는데 거룩함이 없다. 성경에는 귀신들의 통찰력을 증거하고 있다.
	도덕적 본성	불의, 부정, 불법, 방종, 타락, 무질서와 사악한 본성이 귀신들에게서 나타난다.
귀신들의 거처	무저갱	갇혀 있는 귀신들의 거처
	지상과 공중	자유롭게 활동하는 귀신들의 거처
귀신들의 조직 (사단을 왕으로 하여)	지 상	중생하지 못한 인류를 지배한다.
	하 늘	처음 반역에 동참했던 타락한 영들을 지배
	무저갱	사단의 작은 왕 중 하나가 무저갱에 있다. (M.F.Unger)

귀신들의 운명	무저갱	귀신들의 중간 운명
	게엔나	귀신들의 영원한 운명
귀신들림	\<정 의\> A demon residing in a person, exerting direct control and influence over that person, with certain derangement of mind and or body. Demon Possession is to be distinguished from demon influence or demon activity in relation to a person. The Work of the demon in the latter is from the outside;indemon possession it is from within.(Charles Ryrie)	
귀신들림의 사실	성경의 증거	마 4:24, 8:16, 28, 33, 12:22, 15:22, 막 1:32, 5:15-18, 눅 8:36, 요 10:21 등
	초대 기독교 시대	Justin Martyr, Tertullian, The Shepherd of Hermas 등의 언급과 The Epistle of Barnabas 의 기록에 나타난다.
	반대 견해	D.F.Strauss, R.Bultmann(신화적 해석) 그 외에 심리학적 조절설, 환상설 등으로 반대한다.
	현대의 증거	중국 선교사 Nevius, 교회사가 Latourette, 한국 선교사 Chisholm, 아프리카 선교사 Beacham 등의 증거로 현대에도 귀신들림이 존재함을 알 수 있다.
귀신들림의 성질	Demon possession evidences itself by a change in moral character and spiritual disposition. Frequently a different voice, a different educational level, or even a foreign language will reflect a difference in the affected person's personality. See Mk 1:23-24, 5:3-4. (Paul Enns, Angelology) 그리스도를 알고, 초자연적 힘을 보이며, 본인의 인격이 아닌 다른 인격체로서 말하고 행동한다.	

귀신들림에 대한 성경적 해석	귀신의 존재와 활동은 사실이며 명백한 성경의 증거에 의하여 부정될 수가 없다. 그러나 귀신은 무속 신앙에서처럼 인간의 운명과 우주를 지배하고 우위에 있는 존재로 받들고 비위 맞춰 줌으로써 달래야 하는 것이 아니다. 오히려 예수그리스도의 이름과 신자의 신분으로 쫓아내고 명령하고 저주해야 할 대상이다.
	복음 속에는 귀신을 쫓는 권세와 귀신들림을 막는 신앙의 축복된 영적 자세가 들어있다. 귀신이 들리는 것은 이방 세계에서 더욱 흔하며 신앙 세계에서는 희생자가 "하나님을 찾는 선한 양심"이 없고 복음의 확신이 부족하여 속기 때문에 일어난다. 귀신의 존재를 알고 경계하여 말씀 안에 있어야 한다.
	귀신 들린자는 이중적 의지를 가지며, 자신의 인격이 소멸되거나 압도당하여, 이성이나 선택의 능력을 완전히 또는 부분적으로 빼앗기기도 한다. 사단이 타락한 인간 본성 위에 표현한 자기의 이적적 능력의 과시가 귀신들림이다. 거의 대부분은 본인이 죄 짓는 것을 되풀이하여 수락했거나(M.F.Unger), 잘못된 신비주의자를 통해 악령이 역사했거나, 복음에 대한 지식이 없이 공포에 빠져서 일어난다.
	귀신들림은 질병과 깊은 관련이 있고, 때로는 질병 자체이기도 하다(마 9:32-33, 12:22, 막 5:5-9, 17-18).
	귀신 추방은 Catholic의 구마식(성전봉헌예전)이나, 비성서적 Exorcism처럼 반복적 주문과 구호로 되는 것이 아니다. 귀신들이 싫어한다는 소리, 색깔, 식품 등도 모두 근거가 없다. 성경은 오직 예수 이름과 권능으로 귀신이 쫓겨난다는 것을 확언하고 있다. 성령을 모신 신자는 이미 귀신을 쫓을 권세를 소유하였으며, 여기에 말씀과 기도를 통해 더 강한 주관적 확신이 오게 된다.
	중요한 것은 사단이나 귀신들이 하나님 나라의 방해자라는 사실이다. 그러므로 우리가 하나님 나라의 자녀로서 저들을 대적하고 하나님의 일에 힘쓰는 것이 사단 왕국을 무너뜨리는 적극적 방법이다.

9. 종말론(Eschatology)
(1) 종말론 개요

종말론의 의미	단순한 끝이 아니라 하나님의 神的作定(Divine Decree)의 우주적, 역사적, 섭리적 완성과 성취를 의미한다. 특히 그리스도의 초림에서 종말은 이미 왔으며 재림에서 완성된다.	
하나님 나라와의 관계	기독교 종말론은 하나님 나라의 성취라는 각도에서 해석되어야 한다. 하나님의 나라는 구약에서 시작되어(그림자) 그리스도의 초림에서 분명히 드러나 마침내 재림시 성취된다.	
종말론을 강조하는 입장들	이단 종파	과거 교회사에 나타난 각양 이단들의 특징이다.
	신흥 종교	새 종교나 종파들은 시한부 종말을 주장한다.
	현대 신학	종말론을 실존적으로 풀어 신학의 중심에 놓았다.
종말론 연구의 대상	개인 종말론	육체적 죽음, 영혼 불멸, 중간 상태를 논하며 죽음의 의미와 종류, 중간기의 영혼의 상태 등을 주로 연구한다.
	일반 종말론	재림, 천년 왕국, 그리스도의 부활, 최후 심판과 상태를 논하게 된다.
철학에서의 종말론 연구	Plato	영혼 불멸을 가르쳤는데, 그것은 죽음 이후의 지속적 존재를 의미하였다. 현재까지도 철학의 중요한 학설로 남아 영향을 미치고 있다.
	Stoics	연속적인 순환론을 폈다. 이 점에서는 Buddhism과 같고, Kant도 세계의 출생과 죽음이란 의미에서 입장을 같이 하였다.
	Spinoza	범신론적 견해를 가지므로 종말론이 자리잡을 수 없다. 시작과 끝의 개념이 분명치 않다.
	Hegel	범신론의 체계 속에 있으나 Hegel은 Absolute Idea가 역사 과정에서 자기를 나타낸다고 하므로 뭔가 종국적인 성취를 암시하는 듯하다. 그러나 구조적으로는 여전히 범논리주의에 젖어 있다.
	Existentialism	실존주의는 객관적 종말을 주관화하는 데 기여했다.

(2) 종말론의 역사

사도 시대~ 5세기초	아직 교리적으로 정리되지는 못했으나 육체적 죽음과 영원한 죽음의 개념, 신자의 축복된 부활, 심판 후의 영원한 형벌, 경건자의 영광스런 보상, 특히 천년 왕국의 교리가 분명히 인식되었다.
5세기초~ 종교 개혁	재림이 늦어지므로 서서히 천년 왕국론이 잊혀지기 시작하였다. Origen과 Augustine의 영향으로 反천년기설이 교회 안에 성행하게 되었다. 계급적 교회(유형 교회)는 곧 하나님의 나라와 동일시되었다. 중세기에 연옥설이 나오게 된 것과 이에 연관하여 미사, 죽은 자를 위한 기도, 면죄부가 등장한 것은 이상한 일이 아니다. 그러나 Augustine은 정확하게 후천년이나 무천년설은 주장한 것은 아니다.
종교 개혁~ 현대	구원론에 관심이 집중되었으므로 종교 개혁자들은 종말론을 상세히 다루지는 않았다. 개혁파의 신학자들도 단순히 구원론과 연결해서 종말을 다루었을 뿐이다. Calvin도 기독교 강요 3권에서 구원의 최종 완성과 목표로서 부활을 언급하였고, 그런 의미에서 종말론을 다루었다. 개혁파 학자들도 역시 ordo salutis의 glorification이란 시각에서 종말을 말하였다. 그러나 경건주의(Pietism)에 와서 천년기설은 다시 강조되었다. 일종의 분파주의가 시대마다 나타나서 종말론을 시간적인 데 국한하여 강조하였으나 언제든지 실패하였다.
	18세기의 합리주의는 종말론을 단순히 죽음 이후의 존재로서 영혼 불멸이란 개념을 가지고 말하다가 진화론의 영향을 받아 종말의 문제를 점차 무용한 것으로 만들었다. 특히 자유주의 신학에서는 예수의 종말론적 교훈을 무시하고 오직 윤리적 교훈에 치우치고 말았다. 그리하여 기독교 사회주의가 나왔고, 하나님 나라의 사회적 실현과 소망에서 영생과 신국 개념이 대치되었다. 신약 신학의 대두와 성행으로 하나님 나라 개념이 발전하고 Weiss와 Schweitzer 등의 영향이 종말론을 신학의 중심부에 놓게 되는 20세기에 들어서서 종말론은 새 국면을 맞이하였다. 특히 신정통주의가 신학에서 종말론 연구에 수직적 관점을 심어 놓았다.

(3) 현대 신학의 종말론

C.H.Dodd	Dodd는 하나님의 나라가 예수의 인격과 삶과 교훈 속에 이미 실현됐다고 보았다. 따라서 하나님 나라의 미래적 측면이 무시되고 있다. 이에 대한 보충으로 Joachim Jeremias는 "eschatology in process of realization"을 주장했다.
R.Bultmann	성경을 신화로 보고 그 내용의 메시지만을 의미있게 받고자 하는 Bultmann은 하나님 나라의 현재성에 강조하였다. "the nearness and the demand of God"이라는 실존론적 해석으로 종말론을 현재화시켰다.
A.Schweitzer	완전히 미래적, 종말적 입장에서 하나님의 나라를 이해한다. 그래서 Consistent Eschatology라고 부른다. 그는 예수의 윤리가 interim ethics라고 하며 긴박한 종말을 앞둔 상황에서 가능하다고 하였다. 그가 기대했던 왕국이 오지 않자 예수는 절망 속에 죽었으며 강제적으로 오게 시도했던 예수의 계획은 실행되지 않고 역사는 계속 돌아가고 있다. 그러나 자신의 목적에다 역사를 왜곡시키리만큼 위대했던 그의 시체는 아직도 지상에 매달려 있고 그것이 바로 승리이며, 그의 통치이다.
O.Cullmann W.G.Kümmel	하나님의 나라가 이미 왔으나 아직 완성된 것은 아니며 미래적 요소가 남아 있다. 현재적이며 미래적이다. 이 점에 있어서는 G.Vos를 이어받는 것이다. 그러나 Kümmel은 하나님 나라의 현재성을 오직 예수 그리스도의 인격에만 제한하고 제자들에게는 해당시키지 않는다. 그리고 Cullmann은 하나님 나라의 미래적 성취를 역사 속에서 기대한다.
K.Barth	Parousia는 더 이상 그리스도의 미래적 재림으로 이해되지 않고 "a timeless symbol for the endless earnestness of eternity in every existential situation"으로 해석된다. 그러므로 vertical 또는 "timeless eschatology"라고 불리울 수 있다.
J.Moltmann	하나님 나라의 주권이 세속 역사까지 포괄하여, 구속사를 중심으로 세계를 이끌어 가며 이것은 종말론적으로만 이해된다. 그리고 그것은 오직 미래적인 것이다. 신자가 기다리는 현재는(경험) 소망하는 것과 모순된다 함, 계시를 약속이라고만 함, 그리고 미래를 모호하고 애매하게 함은 그의 치명적 약점이다.

(4) 육체적 죽음(Physical Death)

죽음에 대한 제견해		
	Socrates Plato	영혼이 육체(soma=séma)로부터 불멸의 세계로 옮겨지는 것이다. 죽음은 인간의 해방이요 보다 행복한 길에 이르는 과정이다.
	Epicurean	죽음은 무(無)요, 인간이 생존하는 한 죽음은 존재하지 않으며, 사후 세계에 관한 형이상학적 사변은 버려야 한다. 죽음은 경험할 수 없는 것이다.
	Heidegger	인간은 죽음을 향한 존재다. 인간은 항상 죽음의 주변을 배회하면서 자기의 종말을 목격하나 죽음의 본질에 대해서는 아무것도 모른다. 죽음이란 고독한 것이며, 누구와도 같이 할 수 없는 것이다. 그러나 가장 확실한 것이다. 그것은 예기할 수 없는 것이며, 모든 실존의 완전한 불가능성의 가능성이요, 이 극한 한계를 통해서 인간의 실존은 유한자로서 전체적 가능성이 드러난다는 것이다.
	J.P.Sartre	죽음과 생을 결부시켜서 다루지 않고, 죽음을 완전한 우발적 사고로 생각하였다. 인간이 출생하는 것이 부조리라면 죽는다는 사실도 부조리라고 보았다.
	Pelagius Socini	사람은 죽음의 희생물이 될 가능성, 곧 가시적 존재인데 그 의미는 사멸의 법칙에 종속되었기 때문에 죽도록 운명지워졌다는 뜻이다.
	E.Bloch	인간은 죽음에 관하여 말할 필요가 없다. 마치 정치학에서 치외법권적 해석을 하듯이 인간은 죽음에 대해서 논할 수가 없고 그것을 다룰 필요도 없다.
	K.Barth	죽음은 하나님의 뜻에서 왔다. 죽음보다도 죽음을 둘러싼 공포, 죽음 다음에 오는 문제가 더 중요하다. 예수는 이 공포의 문제를 처리했다. 따라서 신자는 자연적 죽음은 경험하나 제2의 죽음은 그리스도가 처리하였으므로 이긴다. 죽음은 하나님의 선한 선물이며, 피조물은 본래 한정된 존재이다. 죽음은 원래부터 인간의 본래적 모습이고, 단지 타락 이후에 죽음에는 형벌이 따랐다. 인간은 본래부터 영원 불멸이 아니다. 유한 존재로 창조된 인간은 죽어야 되는 존재이나 그 죽음은 혼자 죽는 게 아니고 그리스도와 함께 죽으므로 은총의 승리로 이긴다. 죽음은 하나님의 심판의 상징이며, "진실치 아니한 생존의 종말"이다. 그것은 하나님의 분노의 계시이다. 그러나 그리스도의 죽음이 있은 후 심판적 죽음은 존재치 않고 이제는 하나님의 은총인 것이다.

죽음에 대한 제견해	M.Luther	죽음의 공포로써 겪게 되는 죄인에게 임하는 하나님의 의의 위협을 깊이 느끼고, 그것을 죽음의 불안이라 했다. 그러므로 죽음을 응시하지 않고 그리스도를 바라보고 그의 은혜를 오로지 생각할 것을 말한다. 죽음에서 고통과 두려움의 원인이 되는 것은 죽음이란 포상과 죄와 지옥을 상념하는 일이나 이를 극복하기 위해 그리스도와 십자가를 향해야 한다. 그리하여 말유식을 버리고, 성만찬을 받으며 찬양, 감사로 죽음을 준비하라고 한다. 그는 죽음을 보편부활에 긴밀히 연결시켰고, 죽음과 부활 사이의 기간을 단축시켜 생각했다. 그 사이에 짧은 잠이 있다고 한다.
	Ana-Baptist	죽음 후에 영혼이 잠을 자며 활동이 정지된다는 수면설을 주장하였다. 무의식적 무의지의 긴 잠을 잔다는 것이다. 그러나 Luther는 영의 세계에서 시간의 흐름을 거부하여 단축된 기간으로 말한다.
	J.Calvin	Psychopannychia나 Inst. 3권 및 주석(딤후, 눅, 요, 엡, 벧전, 살후 등)에서 영과 육의 분리가 죽음이나 영혼은 부활 때까지 "깨어 있다"($\pi\alpha\nu\nu\upsilon\chi i\zeta\omega$)고 강조하였다. 즉 영혼의 축복된 상태요, 하나님과의 사귐을 강조하며, 그리스도와 함께 있는 평화스러운 쉼이다. 이 영혼의 쉼은 양심의 평안을 본질로 한다. 부활 때까지 영혼은 자는 것이 아니라 열렬히 기다린다.
	성경의 증거	육체의 죽음은 영혼의 죽음과 구별된다(마 10:28, 눅 12:4). 육체적 죽음은 生의 자연적 관계들이 분리되는 것을 의미한다. 신체와 영혼의 분리로 말미암은 육체적 생명의 종결이 육체적 죽음의 성서적 정의이다(전 12:7, 약 2:26). 肉死(영육의 분리)와 靈死(영혼의 죽음)가 있으며(창 2:17, 요 5:25), 永死가 있으니 그것은 지옥 형벌을 의미한다 (마 25:41−46, 계 20:1−6, 15).

9. 종말론(Eschatology)

죄와 죽음과의 관계	죽음은 죄의 형벌이다(창 2:17, 3:19, 롬 5:12, 6:23, 고전 15:21). 죽음은 자연스런 것이 아니며, 하나님의 진노의 표현이고, 심판이며, 정죄요, 저주인 것이다(시 90:7-11, 롬 1:32, 5:16, 갈 3:13). 하나님은 공의로써 인간 범죄 직후에 죽음을 부과하셨다. 그러나 일반 은총으로 죄와 죽음의 역사가 제재되고, 특별 은총으로 정복된다(롬 5:17, 고전 15:45, 딤후 1:10, 히 2:14, 계 1:8).
신자의 죽음의 중요성	죄의 삯은 사망이며, 죽음은 죄로 인하여 주어졌다면 죄에서 해방되고 사유함을 얻은 크리스챤이 어찌하여 죽어야 하는가 하는 문제가 일어난다. 이 경우에 죽음은 하나님이 자기 백성의 성화를 위하여 제정하신 징계의 절정으로 간주되어야 할 것이다. "It is quite evident that the death of believers must be regarded as the culmination of the chastisements which God has ordained for the sanctification of His people" (Berkhof). 죽음은 실상 신앙의 강도를 측정하는 최고의 테스트가 된다. 죽음은 신자의 영혼을 성화케 하는 마지막 단계이며, 부활은 신자의 육신을 성화케 하는 마지막 단계이다. 그리하여 영과 육이 영화롭게 되어 하나님의 나라에 흠과 점이 없이 입국하는 것이다. 그러므로 죽음은 신자들에게 마지막이 아니라 완전한 삶에의 시작인 것이다.
신자의 죽음의 유익	죽음의 관념, 죽음으로 인한 영원한 이별, 질병과 고난이 죽음에 대한 선구자라는 감상, 특히 죽음이 가까웠다는 의식, 이 모든 것은 하나님의 백성에게 비상한 유익을 주는 것이다. 이런 것들은 교만자를 겸손케 하며, 육욕을 억제케 하며, 속된 생각을 저지하며, 영적 성장을 촉진케 한다. 또한 크리스챤이 죽음에 임박하여 하나님께 감사하고 찬미하며 승리의 노래를 듣기 원하며, 함께 한 신자들이 살아 계신 하나님께 죽음을 통하여 주시는 은혜를 찬송할때에 불신자와 타종교인들에게도 비범한 진리의 인상을 심어 주게 된다. 신자는 완전하게 깨끗한 자만이 들어갈 수 있는 하나님의 나라에 들어가기 위해서 죽을 때에 그 영혼이, 부활 때에 그 육체가 완전한 성화, 즉 영화의 단계에 이르게 됨으로써 주님과 더불어 영원한 축복의 삶을 누리는 것이다. 다만 부활 경험을 재림시에 산채로 맞이하는 성도는 예외가 될 것이다.

(5) 영혼 불멸(Immortality)

용어에 대하여		영혼 불멸이란 복음적으로는 인간의 육신은 죽어 썩을지라도 영혼은 죽지 않고 항상 존재한다는 것이다. 이 점에 대해 Boettner는 "Immortality means the eternal, continuous, conscious existence of the soul after the death of the body"라고 정의했다.
인간의 불멸에 대한 제견해	Accadian Literature	고대 Babylonia와 Assyria의 종교에서는 많은 찬미가를 남기고 있다. 시편보다 천 년을 앞선 것들도 발견되었다. Istar가 Hades로 내려간 이야기와 암흑 세계와 하층 세계의 경험을 말한 Gilgamesh의 역사 시들은 막연하지만 내세를 믿는 신념을 보여준다.
	Egyptian Book of the Dead	애굽인들은 시체가 잘 보존되어 있어야 그 영혼이 영원 불멸을 향유할 수 있다고 믿었다. 피라밋과 거기에 관련된 정밀한 장례법은 시체가 썩지 않도록 하는 데 온갖 정성을 들인 것이다. 그들은 영혼이 돌아오도록 시체를 보존하는 데 특별한 관심을 기울였다. 미이라는 "죽은 자의 책" 사본과 기도문과 미지의 여행 지도를 가지고 있다. 관은 "살아 있는 자의 궤"로 여겨졌다.
	Indian Rig-Veda	Hinduism과 Brahmanism의 기록들에 의하면 영구 불멸에 대한 확고한 신념이 나타나고 있다. 1000장이 넘는 찬가들은 B.C. 10~15세기의 것들로서 인간의 영원한 생존에 대한 유치한 신념들을 묘사하고 있다.
	Buddhism	불교는 영혼의 윤회설(Transmigrationism of souls)을 통하여 전생과 현생, 그리고 내생으로 환생을 반복한다고 보았다. 생존에 대한 권태, 무아의 축복, 열반 등의 교리는 인간의 영생적 요소를 언급하되 궁극적 목표는 해탈이라 하므로 형이상학적 허무주의이다.
	Zoroastrianism	이원론을 가지고 있는 조로아스터교는 선과 빛의 신인 Ormuzd와 악과 흑암의 신인 Ahriman의 투쟁을 말한다. 인간은 이 싸움에 참여해야만 한다. 인간이 선을 택하면 그는 영생하는 상급을 얻는다. 그러나 영생의 개념은 모호하고 혼잡하다.

9. 종말론(Eschatology)

인간의 불멸에 대한 제견해	Ancient Greek Religion	헬라 종교에는 다신론과 내세의 삶에 대한 신념이 있었다. Hades에 관한 저들의 견해는 비관적인 것이며, 내세 생활은 지상 생활의 변형으로 생각했다. 시체의 입에 은전을 끼우는 것도 죽음의 강을 건너는 비용으로 믿었기 때문이다.
	Oriental ancestor worship	중국, 일본, 한국 등에서는 영원 불멸에 대한 신념을 선조 숭배(조상 숭배)의 형식으로 나타냈다. 죽은 사람을 신위(神位)로 모시는 풍습이 그것이다.
	Immanuel Kant	칸트는 도덕의 성립 요소로서 하나님과 내세(영원 불멸), 그리고 자유를 말했다. 그는 영원 불멸 자체를 성서적으로, 종교적으로 보지 않고 윤리적으로 보았다.
	Oscar Cullmann	쿨만은 그의 논문 "Immortality of the Soul or the resurrection of the dead?"에서 인간의 영혼은 죽지 않고 육체만 죽는다는 것은 헬라사상이며 성경의 주장이 아니라고 했다. 그는 죽음이란 영과 육의 완전한 죽음이며, 부활은 완전한 소생이라고 주장하였다.
영혼 불멸에 대한 성경의 교훈	구약의 증거	죽음을 보지 않고 데려감 당한 자(창 5:24, 히 11:5) 자기 열조에게로 돌아가니라(창 15:15, 35:29, 49:33) 육체 밖에서 하나님을 보리라(욥 19:25-26). cf. 시 16:10, 전 12:7, 사 26:19, 단 12:2-3
	신약의 증거	복음으로 생명과 썩지 않을 것을 드러내 신지라(딤후 1:10) 나는 부활이요 생명이니(요 11:25) 오직 몸과 영혼을 능히 지옥에 멸하시는(마 10:28) 생명의 부활과 심판의 부활(요 5:28-29) cf. 요 3:16, 14:2-3, 고후 4:17-18, 딤후 4:7-8
	영생신앙의 유익과 중요성	기독교는 분명한 영생의 진리를 가르치고 있다. 또한 하나님 나라에서 받을 상급에 대해서도 언급한다. 모든 인간은 부활할 것이나 신자는 축복된 하늘의 후사로서 영체를 입는다. 이 신앙은 현세를 나그네로서 살며 궁극적 가치를 내세에 두게 해준다. 동시에 고난을 이기고 모든 환난을 인내하는 힘과 의롭고 거룩하고 진실한 삶에의 소망과 용기를 준다.

(6) 중간 상태(Intermediate State)

중간 상태의 정의	인간의 영혼이 죽음과 부활 사이에 거하는 영역이나 조건을 중간 상태라고 한다. 육신이 무덤에서 쉬고 있는 동안 영혼은 어디에서 어떻게 있는가에 대한 문제를 취급하는 것이다.	
인간 생애의 3 단계	자연적 육체적 상태	날 때부터 죽을 때까지
	중간 상태	육체 없는 영혼의 상태
	최종적 영원한 상태	부활한 몸을 가진 상태
중간 상태에 대한 주의 사항	죽은 후에 제2의 기회가 있다거나, 잠을 잔다거나, 무의식의 상태라거나, 육체를 가진다거나, 이 세상과 교통한다거나 하는 오류를 배격해야 한다. 최종적 상태가 아니다.	
Sheol-Hades설	스올은 넓은 의미에서 무덤이나 죽음을 뜻한다(창 37:35, 42:38 참고). 악인에 대한 형벌의 의미로도 썼다(시 9:17, 신 32:22). 신약은 죽은 자의 영혼이 있는 곳을 하데스라고 한다. 때로는 죽음의 상태를 의미했다. 그러나 형벌의 의미가 더욱 강하다(눅 16:23, 마 11:23, 5:22, 23:33). Hell이 Hades와 같은 의미로 쓰일 때는 형벌적인 뜻일 때이다.	
Paradise와 Heaven	신약에서 눅 23:43, 고후 12:4, 계 2:7에 나타난다(낙원). 이 성구들은 Heaven을 의미한다. 그러나 보편적으로 낙원은 육체 없는 천당, 부활 이전의 천국으로 생각된다. 예수그리스도의 몸도 재림시까지는 제한되어 있으므로(좁은 의미) 영원한 새 하늘과 새 땅에 이르기까지 성도들은 Paradeisos에 있다고 표현될 수 있고, 그리스도와 더불어 현재 있는 곳이다. 그러나 그곳이 바로 Heaven이라고 해도 잘못은 아니다.	
Limbus Patrum	이곳은 원래 유대교 신학에서 발상된 것인데 나중에 중세 신학이 더욱 발전시켜서 보이지 않는 수개의 세계 중 하나로 분류하여 놓았다. 이것을 가톨릭 신학에서는 구약 시대의 신자들이 죽어서 집합되어 하나님의 은혜로운 환상도 고통도 없이 주님이 부활하실 때까지 대망 상태로 머무는 곳이라고 한다. 그리스도는 십자가에서 죽으신 후에 이곳에 내려가서 사로잡힌 영혼들을 구출하여 승리로써 천당에 들어가게 하셨다는 것이다.	

9. 종말론(Eschatology)

Limbus Infantum	로마 교회는 이교도의 자녀나 크리스찬 자녀를 막론하고 세례 받지 못한 어린아이들의 영혼은 유아 림보에 들어간다고 말한다. 이들은 적극적인 형벌은 받지 않으나 천국의 행복에서는 제외된다. 이것은 세례 중생론과 밀접한 관계에 있다. Lyons, Florence, Ecumenical Council, 그리고 the Council of Trent 는 이 교리를 강력히 주장하고 있다. 어린이들은 자기의 자연적 재능으로 하나님을 알게 되고, 사랑하게 되며, 또한 자연적 행복을 누리게 된다고 한다.
Second Probation 이론 (제2시련설)	제2기회설이라고도 한다. 이세상에서 구원 받지 못하고 죽은 자들이 저세상에서 다시 한번 구원의 기회를 가지게 된다는 설이다. 초대 교회의 Origen, 종교 개혁기의 Ana-Baptist, 근대의 Schleiermacher, 여호와의 증인, 안식교, 특히 universalist 의 뚜렷한 신조였다. 그러나 유아시에 죽은 자들에게만 해당시키느냐, 이 세상에서 복음을 듣지 못한 불신자(장년)에게 해당되느냐, 아니면 복음을 신중히 고려해 보지 못했거나, 배반자들에게도 해당되느냐에 의견이 일치되지 않는다. 그러나 완강히 반대하지 않으면 다 구원 받는다.
영혼 수면설	영혼이 부활 때까지 지식, 의식, 활동이 없이 침묵의 세계에서 잠잔다고 하는 교리이다. 무의식적 안면 상태에 있다는 주장이 Irvingites과 Russellites 등 종파와 수면론자들, 그리고 Millennial Dawnists가 신봉하는 교리이다. 육체와 영혼이 무덤에 내려가서 영혼은 하나의 비존재 상태로 수면에 들어간다는 것이다. 그러나 이들은 영혼은 죽지 않으며, 독자적으로 의식 활동을 할 수 있고, 깨어 의식적 사귐을 가진다는 성서의 증거에 모순되는 주장을 하고 있다.
멸절설 또는 조건적 영생설	수면설 주장자들은 대개 회개치 아니한 영혼들이 멸절된다고 본다. 글자 그대로 존재의 단절이다. 인간은 죽을 존재로 창조되었으며 영혼 불멸은 하나님께서 의인에게 상급으로 주신 선물이라 한다(조건적 영생). 또한 사람은 영생하게 지음 받았으나 그들이 계속 죄 가운데 살았기 때문에, 하나님은 적극적 행위로 영생의 은사를 박탈하여 마침내 멸절되거나 영원히 의식을 상실하여 비존재로 된다고 보았다(멸절설). 이 교리는 성경의 증거가 멸망과 죽음의 의미에 있어서 존재의 단절이 아니라 분리와 형벌임을 파악하지 못하고 있다. 성경은 죄인까지도 영원히 존재하며 의식적 고통과 지속적 형벌을 받는다고 하였다.

연옥설 Purgatory	로마 교회는 완전한 자들의 영혼이 즉시 천국에 들어가지만, 아직도 정화되지 못하고 죄책하에 있는 (대다수) 사람들은 연옥이라는 중간 지역에서 형벌과 수난과 정화의 과정을 밟아야 한다고 한다. 세례 받지 아니한 모든 성인과 세례후에 사함 받지 못한 죄를 범한 자들은 곧 지옥으로 간다. 부분적으로만 성화된 무수한 신자들은 연옥에 가서 죄악성과 불결성, 회개의 기미에 따라 고난을 받아야 한다. Bellarmine은 연옥의 고통이 세상에서 겪는 어떤 고통보다도 능가하는 심히 엄격한 것이라 하였고, Hayes의 The Manual of the Purgatorical Society에는 "연옥의 불은 기간의 차이만 제외하면 지옥불과 다른 점이 없다"고 하였다(Thomas도 그렇게 보았다). 이 기간은 신실한 자들의 기도와 선행, 특히 미사에 의해 단축되며, 고통이 감해지기도 한다. 이 교리는 성경에 없고 오직 외경 마카비 2서 12:42-45에 근거하고 있다.
강신술과 심령 과학의 오류	별세한 친족으로부터 소식을 얻을 수 있다거나 미래의 사건을 예언한다는 마술적, 악령적 중매 행위가 인간 영혼의 중간 상태론과 결부되어 지적되어야 한다. 심령 과학이란 것도 결국은 일종의 demonology이며, 강신술과 더불어 운명론, 수상술(手相術), 점성학 등과 밀접한 관계가 있다. 이것들은 한마디로 악령들과의 접촉이지 올바른 복음적 행위가 아니다. 성경에 의하면 죽은 자들의 영혼은 돌아올 수 없으며, 교통할 수도 없는 것이다. 성경은 복술자, 신접자, 진언자, 초혼자, 박수, 무당, 요술자 등을 용납하지 말라고 하였다(신 18:9-12). 그 이외에도 크리스챤은 천리안, 투시자, 투청자, 마술사, 심령술사, 해괴한 꿈풀이, 예언 기도자, 안찰자, 모든 종류의 귀신 들린 이적 행위를 주의해야 한다. 강신술이나 심령 과학에서는 병을 고쳐 주거나 또는 죽은 친족과의 접촉을 미끼로 하여 그 영혼을 사단에게 내어 주는 것이 확고한 원리로 되어 있다. 무엇보다도 하나님의 말씀과 인격적인 올바른 신앙을 멀리하고 신비적, 마술적 심리에 빠져들게 하는 것이 가장 큰 잘못이다.

(7) 재 림(Second Advent of Christ)

재림의 용어들	παρουσία(presence, arrival, coming advent) ἐπιφάνεια(appearing, appearance, manifestation) ἀποκάλψις(revelation, disclosure, unveiling)	
재림의 사실	마 24:30, 25:19, 26:64, 요 14:3, 행 1:11, 3:20, 빌 3:20, 살전 4:15-16, 살후 1:7, 딛 2:13, 히 9:28. 재림(The Second coming or Advent of Christ)은 역사적인 사실로 성취될 사건이다.	
재림의 중요성	신자의 부활과 천국의 완성, 역사의 성취, 예언의 성취, 말씀의 신실성, 교회의 승리, 하나님의 영광 등을 위해 필수적이고 필연적인 중요성을 가진다.	
재림전의 대사건들	이방인의 소집	천국 복음이 온세상에 전파되는 것이다(마 24:14). 각 나라가 국민적인 복음화가 되는 의미를 포함한다.
	이스라엘의 회심	세상 끝날에 이스라엘의 많은 수가 주께 돌아올 것을 성경은 암시한다(롬 11:11-32).
	적그리스도의 출현	재림 전에 적그리스도가 나타나서 하나님을 대적하고 하나님 자리를 찬탈하지만 결국 멸망한다(살후 2:3-10).
	이적과 기사	각처의 전쟁, 지진, 기아, 환난, 거짓 선지자가 나타나고 하늘의 권능들이 흔들리게 된다(마 24:29-30).
재림의 시기	재림은 언제나 가깝고 항상 일어날 수 있는 사건이다. 그러나 날과 시는 알 수 없다. 그것은 우리의 알 바가 아니다(행 1:8).	
재림의 양식	인격적 재림(행 1:11), 형태적 재림(계 1:7), 가견적 재림(막 13:26), 돌발적 재림(마 24:37-44), 영광스러운 승리의 재림(마 24:30, 살후 1:7, 살전 4:16, 계 19:11-16).	
재림의 목적	만물의 영원한 상태를 소개하고, 죽은 자의 부활과 최종 심판이라는 큰 목적을 가지며, 신적 작정의 성취를 핵심으로 한다.	
재림의 장소	혹자는 슥 14:4에 근거하고, 또는 사 41:1-2에 의해 특정 장소를 말하나 이것도 잘못이다. 재림은 지상의 어느 지역에 천국을 건설하려는 것이 아니므로 시간과 같이 고정하여 말할 필요가 없다.	

(8) 천년 왕국(Millennium)

천년 왕국설의 종류	전천년기설	역사적 전천년설 세대주의적 전천년설
	무천년기설	
	후천년기설	신학적 후천년설 진화론적 후천년설
역사적 전천년설	전천년기설은 그리스도가 1000년 간의 지상적 통치를 위해 천년 왕국 전에 재림하신다는 주장이다. 그 가운데 역사적 전천년설은(Historic Premillennialism) G.E.Ladd, J.B.Payne, M.J.Erickson 등이 지지한다. 휴거와 재림은 동시적이며, 신자의 부활은 천년 왕국 시초에 있고, 불신자의 부활은 천년 왕국 끝에 있다. 심판은 대환난 끝에 주 재림 때 있다. 교회는 환난을 통과한다. 이스라엘과 교회는 구분되지 않는다. 다만 이스라엘이 민족적으로 구원 받을 것을 말하나 천년 왕국과 관련하는 것은 분명치 않다. 부활은 동시적이지 구약 성도와 교회 시대 성도의 구분은 없다. 그리스도의 통치는 미래 사건이 아니라 지금 천국에서 통치하고 계시다. 그리스도의 메시야 왕국은 역사 속에 개진되었고 천년 왕국에만 국한되지 않는다. 반드시 천년이라는 개념을 문자적으로 고착시킬 필요가 없다는 주장과 문자대로 1000년이어야 한다는 견해가 있다.	
세대주의적 전천년설	L.S.Chafer, J.D.Pentecost, J.F.Walvoord 등이 대표자이다. 재림은 두 번 있으며(공중과 지상으로), 교회의 휴거가 대환난 이전에 일어난다. 7년 대환난 후에 재림이 있다. 부활은 3번으로 나뉘어 휴거시, 환난시(또는 환난 후), 천년 왕국 후에 각기 있을 것이다. 심판도 3중으로 나뉜다. 휴거 때는 신자, 환난 끝에는 유대인과 이방인, 천년 왕국 후에는 불신자의 차례이다. 천년 왕국은 문자 그대로 지상의 1000년 간 통치를 의미한다. 이스라엘과 교회는 완전히 구분된다(연기설). 공중 재림으로 어린 양의 혼인 잔치를 베푸는 동안 지상에는 환난이 있고 이 기간에 이스라엘은 회심하여 성지로 돌아온다. 환난기 끝에 온인류를 심판하며, 양과 염소는 구분되고 사단은 1000년간 구금되며, 적그리스도는 파멸된다. 환난기에 죽은 성도는 부활하여 천년 왕국에 들어가 그리스도와 성도들은 예루살렘에서 성전과 제사를 재현한다. 천년 후에 사단과 격전이 있고 싸운 후 사단은 멸망하고 불신자의 부활과 백보좌 심판이 있으며 교회는 하늘로 올라가고 이스라엘은 영원히 지상에 남는다.	

무천년설	L.Berkhof, O.T.Allis, G.C.Berkhower 등이 주장한다. 개혁파 신학은 무천년기설을 지지한다. 하나님의 왕국은 현 교회 시대이므로 문자적 1000년 왕국을 말하지 않는다. 이 시대를 그렇게 본다. 재림은 단 1회뿐이다. 휴거와 재림 사이를 구분치 않는다. 부활도 신자와 불신자의 동시적 발생으로 본다. 심판도 역시 모든 사람의 일반적 심판으로 본다. 환난은 이 시대 속에서 경험되고 있다. 교회는 새 이스라엘이다.
신학적 후천년설	C.Hodge, B.B.Warfield, W.G.T.Shedd, A.H.Strong, L.Boettner 등이 지지한다. 이 이론은 그리스도가 천년 왕국 이후에 재림한다는 것이다. 재림시에 신자와 불신자의 보편 부활이 있다. 모든 사람의 일반적 심판이 있고, 환난은 이 시대에서 경험한다. 복음의 점진적 효과로 현시대가 천년 왕국화 된다. 교회는 새 이스라엘이다. 세상 끝에는 보다 풍부한 영적 축복의 시기가 된다. 이 시기 후에 짧은 기간의 배교와 투쟁이 있고, 재림과 부활, 심판 등은 동시적으로 일어난 것이다.
진화론적 후천년설	복음 전파와 성령의 역사에 의하지 않고, 진화의 완전한 자연적 과정의 대 결과로 천년 왕국 내지는 복락의 사회가 오리라는 신념이 있다. 인간의 교육과 개정된 법률과 사회 개혁 등을 통하여 새 시대가 도래하리라는 Utopianism이다.
세대주의적 전천년설 도해	Dispensational Pre-millennialism

(9) 부 활(Resurrection)

부활의 증거	구약(사 26:19, 단 12:2), 신약(요 5:25-29, 6:39, 고전 15: 전체, 살전 4:13-17). 예수그리스도께서 친히 죽은 자의 부활을 말씀하셨다(마 22:23-23).
부활의 의미	성경이 의미하는 부활은 죽은 자의 육신이 영혼과 분리된 후에 몸은 써으나 영혼은 계속 의식석으로 존재하다가 그리스도의 재림시에 육신이 다시 살아나서 영혼과 결합하여 영체를 입는 것을 뜻한다. 그리스도의 부활은 신자 부활의 확실한 보증이다. 신자의 부활은 사도들에게 용기와 소망, 고난과 사망 희열의 산원천이었으며, 현세의 악과 고난과 핍박에서 교회가 소유하는 인내의 근원이다. 부활은 동시에 천국에 들어가는 필수 조건이기도 하다.
부활의 성질	신체적 부활(롬 8:23, 고전 6:13-20) 모든 인류의 부활(요 5:28-29, 행 24:15) 의인의 부활은 구속과 영화의 행위이나 악인의 부활은 영원한 형벌을 위한 것이다(계 20:5-15).
부활의 시기	전천년기설에 의하면 부활은 2회, 또는 3회가 있다(극단적인 학설에 의하면 4회가 된다:휴거시, 환난중, 천년왕국 후. 특히 죽은 성도의 부활과 산 채로 변화하는 부활을 분리한다. 그리고 환난중에 순교한 자의 부활도 첫째부활에 넣는다). 그러나 무천년기설이나 후천년기설에서는 그리스도의 재림 및 세계의 종말과 때를 같이하여 최후 심판 직전에 부활이 있으리라 한다.
무천년설의 문제	첫째부활을 중생으로 본다는 것이 주석상으로 약점을 갖는다. 아무래도 성경의 Context에 무리가 가게 된다.
전천년설의 문제	재림에 관한한 계시록의 구조상 강점이 있으나(19장:재림, 20장:천년 왕국, 21-22장:새 하늘과 새 땅), 부활에 있어서 2중, 3중의 부활을 말해야만 하므로 성경의 전체적 증거를 조화있게 정리하기 힘들다. 성경은 많은 경우에 단회적 의미로 부활과 심판, 재림을 선언한다.

(10) 최후의 심판(Last Judgment)

심판의 사실	시 96:13, 전 3:17, 12:14, 마 11:22, 16:27, 25:41-46, 행 17:31, 롬 2:5-10, 14:12, 히 9:27, 계 20:11-14
심판의 목적	하나님의 공의와 성경의 예언을 분명히 나타내고자 함이다. 하나님은 말씀하신 대로 약속을 이행하신다.
심판장과 보조자들	중보자 그리스도는 심판장이 된다(마 25:31-32, 요 5:27, 행 10:42, 17:31, 빌 2:10, 딤후 4:1-8). 이 명예는 속죄 사역의 상급으로 주어졌고, 그리스도의 승귀하심의 일부에 속한다. 천사들은 이 사역에서 보좌할 것이다(마 13:41-42, 24:31, 25:31). 성도들도 함께 한다고 하는 증거가 있다(시 149:5-9, 고전 6:2, 계 20:4).
심판의 대상	모든 사람이 개인적으로 심판대 앞에 선다(전 12:14, 시 50:4-6, 마 12:36-37, 25:32, 롬 14:10, 고후 5:10, 계 20:12). 사단과 그 사자들도 대상이다(마 8:29, 고전 6:3, 벧후 2:4 유 6). 천사들도 대상인지는 확실히 알 수 없고 단지 심판 사역에서 하나님을 봉사하게 되는 것은 사실이다(마 13:30, 41, 25:31, 살후 1:7-8).
심판의 시기	세상의 종말에 있을 것이며, 특히 죽은 자의 부활 직후에 있을 것이다. 그러나 심판의 기간이나 집행 일시는 현세적 인식이 불가하다.
심판의 기준	성도들과 죄인들을 심판할 기준은 분명히 하나님이 계시하신 주님의 뜻(의지)이 될 것이다. 이방인은 자연법에 의해서, 유대인은 구약의 계시에 의해서, 신약의 신자들은 이 계시와 복음의 요구에 의해서 심판 받게 된다. 물론 신자들은 멸망 받는 심판을 받지는 않는다. 하나님은 각자에게 그들이 응당 받아야 할 것을 주실 것이다. 의인과 악인에게는 등급이 주어질 것이다(마 11:22, 24, 눅 12:47, 48, 20:47, 고후 9:6).
심판의 특징	공평과 정의, 거룩, 의, 진실에 있어서 완전하신 하나님의 속성이 그대로 심판시에 나타난다. 특히 복음을 거절한 자와 알지 못한 자에게 가장 적절한 형벌이 주어진다. 행한 대로 심판하신다(롬 2:6-9, 살후 1:8, 습 1:6).

(11) 천 국(Heaven)

천국의 개념	天國이나 神國은 동일어이다. "하나님의 나라"는 지상에서 선민의 선택에서 시작했고, 교회를 통하여 확장되었으며 마침내 새 하늘과 새 땅에서 완성된다. 그 중요한 특징은 하나님의 통치이다.
의인의 최후 상태로서의 천국	천국은 복락의 상태만이 아니다. 하나의 장소임이 성경에서 가르쳐졌다. 거할 곳이 많은 아버지의 집이다(요 14:2). 신자들은 그 안에 있고 불신자들은 그 밖에 있을 것이다(마 22:12-13, 25:10-12). 의인들은 천국을 유업으로 받으며, 새 하늘과 새 땅을 받게 된다.
천국의 특징	천국은 역사 내부의 힘으로는 완성되지 않는다. 교회의 선교는 오직 성령이 하시는 일을 외면적으로, 부수적으로 섬길 뿐이다. 천국은 우리가 "들어감을 입는" 곳이지 건설하거나 창조하는 성질의 곳이 아니다.
천국의 형성	신자들의 최후 상태가 시작되기 전에 현세계가 떠나가는 것과 새 창조가 필요하다. 마 19:28의 내용과 행 2:21, 히 12:27, 벧후 3:13, 계 21:1 등에서 세상이 새롭게 되며, 만유는 회복되며, 하늘과 땅이 끝나서 새 하늘과 새 땅이 설립된다고 한다. 이 미래의 창조는 전적인 새 창조가 아니라 현 우주의 갱신이라는 점에 의견이 모아지고 있다(Berkhof, Hodge).
천국에서의 상급	의인의 상급은 영생이다. 현세의 불완전과 고통이 없고, 눈물과 죽음과 질병이 없는 충만한 생이다. 이 생의 충만함은 하나님과 더불어 교통하는 가운데 누리게 될 것이다. 영생의 본질은 주님과의 동행 및 사귐이다. 그러나 천국의 복락에 등급이 있다는 것을 알아야 한다(단 12:3, 고후 9:6).
천국 묘사의 위험	천국에 대한 경험을 말하는 자들 중에 상세하고 구체적인 설명을 하는 것은 매우 위험하다고 본다. 왜냐하면 계시록의 묘사 자체도 상징적인 것이며, 주님의 천국 비유마저 비유로 끝났기 때문이다(마 13장).

(12) 지 옥(Hell)

악인의 최후 상태	지옥은 게엔나(γέεννα)라고 하는데, 풀무불(마 13:42), 불못(계 20:14-15), 구약의 "힌놈의 아들의 골짜기"(렘 7:32)이다. 영원한 형벌의 곳으로 최후의 심판을 받는 곳이다.
지옥에 대한 오해	장소가 아니라 고통스런 상태라고만 제한하거나, 상상적인 곳으로 말하거나, 신화 세계의 산물로 보는 것은 잘못이다. 성경은 지옥이 실재하는 형벌의 처소이며, 영원한 심판의 장소임을 명시한다.
지옥의 특징	꺼지지 않는 불(마 3:12), 불못, 바깥 어두운 곳(마 8:12), 영원한 불(마 25:41), 풀무불 등의 묘사로 볼 때 가장 괴로운 고통과 영원한 형벌이 지속되는 곳이며, 마귀와 그 사자도 함께 있는 괴로운 곳이자 하나님은 안 계신(마 7:23) 곳이다. 어둡고 소망이 없으며, 이를 가는 심령적 고통이 있을 것이다. 불교의 지옥은 육체적 고통에 집중하나(지장경) 성경은 영육의 고통을 강조한다. 하나님의 은총이 없고, 끝없는 불안과 신체와 영혼의 적극적인 고통, 양심의 번뇌와 고민, 실망이 가득 차서 극도로 고난 받는다. 역시 형벌에는 등급이 있으며 죄에 비례할 것이다.
형벌의 기간	지옥의 형벌은 영원한 것이다. 일정 기간이 아니다(마 25:46). 그러므로 한번 지옥 형벌에 처한 인간은 다시 빠져 나올 수 없으며 갱생의 소망은 전혀 없는 것이다.
지옥에 가는 이유	원죄와 그에 따른 행위죄 때문이다. 그러나 모든 인간은 전부가 죄인이므로 출생시에 이미 지옥 가기로 작정된 채 낳게 된다. 그러므로 예수 그리스도의 복음이 아니면 누구도 지옥 형벌을 면할 수 없다. 하나님의 공의와 인간의 타락이 지옥을 당연한 형벌의 처소로 생각케 한다. 특히 복음을 거절하는 자는 성령을 훼방한 자로서 더욱 큰 형벌에 임할 것이며, 복음을 핍박한 자와 사이비 기독교 교주나 거짓 선지자들은 가장 엄한 벌에 처할 것이다. 영적 교만이 클 수록 심판도 크다.
주의 사항	문학 작품이나(단테의 신곡 등), 신앙 간증자들의 지옥에 대한 설명을 주의해야 한다. 천국과 마찬가지로 지옥도 경험할 수 없는 곳이다. 오직 부활 후에만 들어가게 된다. 환상이나 상징으로 본 것을 실제화시켜 말하면 안된다.

(13) 주의해야 할 종말론적 용어들

천국, 신국, 천당	모두 같은 말이며 "하나님 나라", "하나님의 나라", "하늘 나라"도 같은 뜻이다. 천당이란 표현은 많이 사용되기는 하지만 성경에는 없다. 세대주의에서는 천국과 신국을 구별한다.	
지옥 geenna	불신자가 부활 후에 영원히 심판 받는 장소이다. 마귀와 그 사자들도 함께 형벌 받게 된다.	
음부 hades	구약의 스올(sheol)에 해당하는데, 무덤이나 죽음의 상태 또는 불신자가 지옥에 가기 전의 상태를 의미하기도 하고, 혹설에 악령들의 현세적 거처라고도 한다. 때로는 지옥의 의미로도 사용한다.	
옥 philake	벧전 3:19의 philake이다. 이 곳은 연옥설의 근거가 되고 있으나 문맥상으로는 전혀 다르다. 지옥도 아니고 음부도 아닌 단지 감옥의 뜻이다. 노아 시대에 불순종하던 영들이 있던 처소로 알려져 있다.	
낙원 paradeisos	부활하기 전의 성도가 머무는 곳, 또는 상태를 뜻한다. 이곳이 바로 천국이라고 보아도 무방하다. 차이는 부활 여부에 있을 뿐이다.	
타르타로스 tartaros	벧후 2:4(tartaros)에 나온다. 지옥이라고 번역되었다. 고대 헬라인들이 범죄한 신을 가두어 두는 곳으로 믿었었다. 성경에서는 범죄한 천사들을 가둔 곳으로 말했다.	
무저갱 abyssos	마귀와 귀신들의 일시적 감금처인 듯하다(마 8:29, 눅 8:31, 계 20:1-7 참고).	
잘못된 개념들	연 옥	purgatory는 가톨릭 교회의 가장 마귀적 교리인데, 인본주의 착상에서 나온 거짓된 개념이다.
	영 옥	靈獄이란 용문산파인 나운몽의 교리에 나타나는데, 제2기회설을 지지하는 근거로 말하고 있다. 벧전 3:19에 의하여 연옥설도 인정하면서 죽은 후에도 기회가 있다는 주장을 하였다.
	림 보	로마교회의 Limbus 개념 역시 성경에 없는 것이므로 배척해야 할 관념이다.

<부록 1> 신학자 계보

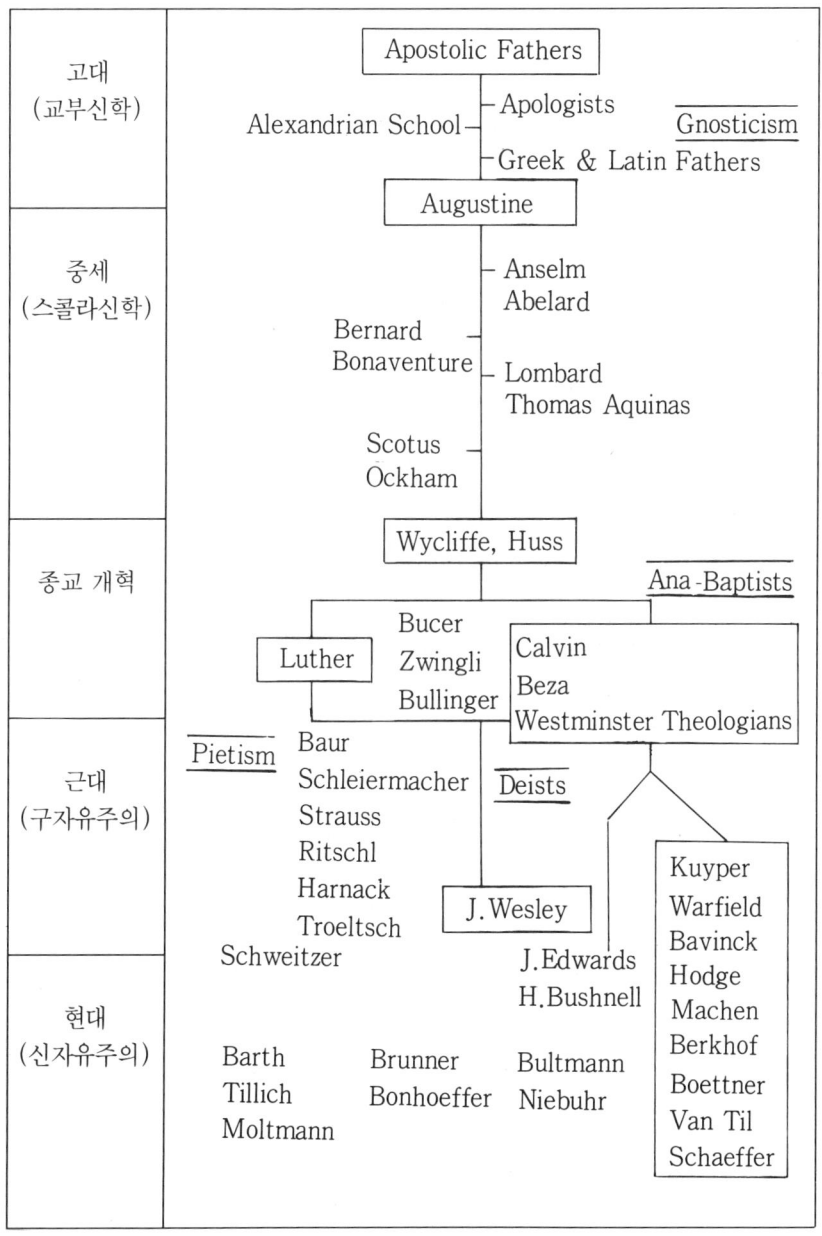

〈부록.2〉 신학의 줄기

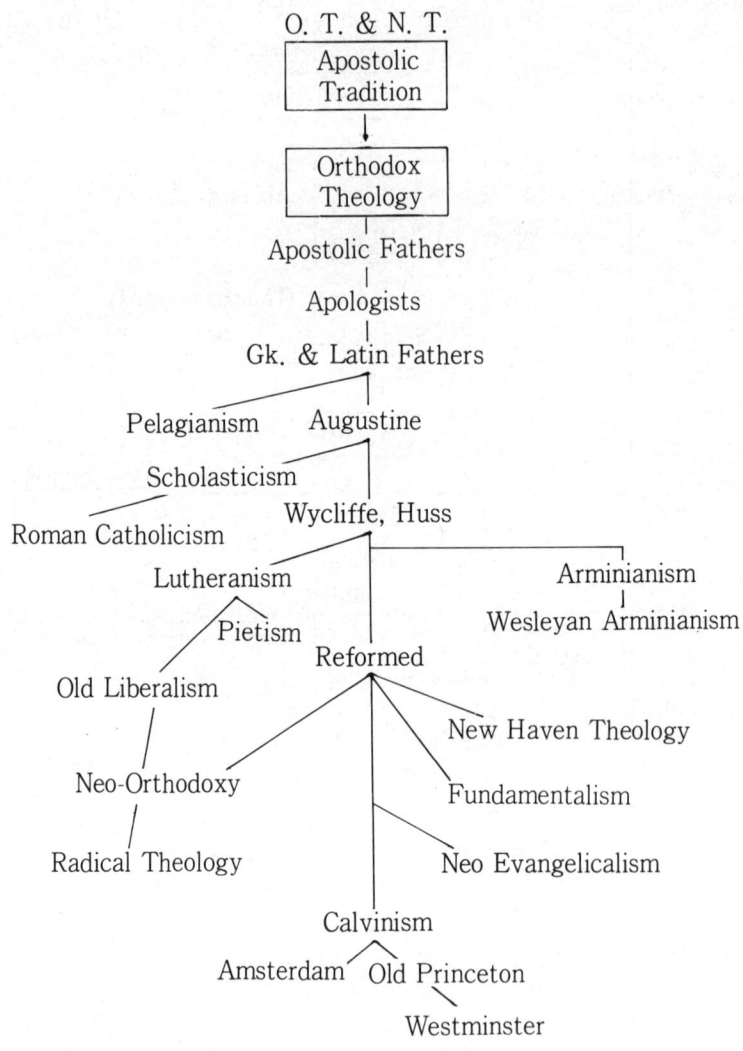

〈부록 3〉 중요한 신학 술어

〈약어〉

A. D. Anno Domini(In the Year of our Lord)
B.C. Before Christ
C. Circa(about)
cf. Confer(cp.=compare)
C. R. Corpus Reformatorum
D.S.S. Dead Sea Scrolls
ed. editor, edited
e. g. exempli gratia(for example)
E. T. English Translation
et al. et alibi
et passim. and throughout
f., ff. following(folgende)
fig. figure
fn. footnote(marginal notes)
Ibid. Ibidem(in the same place)
i. e. that is
Inst. Institutio christianae religionis
L.C.C. Library of Christian Classics
loc. cit. loco citato(in the place cited)
L. X. X. The Septuagint
ms. manuscript(pl. mss.)
N. B. Nota Bene(Note Well)
n. d. no date
op. cit. opere citato(in the work cited)
O. S. Opera Selecta(Calvini)
Q. Quelle
Vid. Vide(See)

Vol. Volume(Vols.)
Vs. Verse

〈자주 사용되는 중요 신학 술어〉

accomodation 적응
actus purus 순수 행위
Adoption 입양(양자)
Agnosticism 불가지론
Allegory 우화, 우의
amor Dei 하나님에 대한 사랑
amor sui 자애(Augustine)
Ana-Baptists 재세례파
analogia entis 존재의 유추(유비)
analogia fide 신앙의 유추
analogia scripturae 성경의 유추
Angelology 천사론
Anthropology 인간론(인류학)
Anthropomorphism 신인 동형 동성론
Antinomianism 신앙지상주의
Apocrypha 외경
Apologists 변증가
Apophthegma 간단한 배경을 가진 로기온(Bultmann)
Apostolic Fathers 속사도 교부
Arianism 아리우스주의
arithmology 숫자 의미론
Atheism 무신론
Barthianism 바르트신학(주의)
Bibliology 성경론
Canon 정경
Certitudo 확실성

Christology 기독론
Codex 사본(e. g. Codex Sinaiticus)
Common Grace 일반 은총(보편 은혜)
Communicatio idiomatum 속성의 교류
Communio fidelium Communio Sanctorum
Concurrence 동류(협력)
Congregative omnium praedestinatorum 예정자 총수(교회)
Conservatism 보수주의
Consistory 당회(가톨릭은 추기경회의)
Consubstantiation 공재설
Context 문맥, 상황
Corpus mixtum 혼합체(교회)
Cross-Cultural 타문화의
Deism 이신론(자연신론)
demythologization 비신화화(Bultmann)
Demonology 귀신론
Deus absconditus 감추인 하나님(Luther)
Deus revelatus 계시된 하나님
Diatessaron 4대 복음 대조 연구서
Dichotomy 2분설(인간구조론)
Dispensationalism 세대주의
Divine Decrees 신적 작정
Docetism 가현설
documentary hypothesis 문서(가)설
Dogmatics 교의학
Dualism 2원론
Ecclesia docens 가르치는 교회(vs. dicens)
Ecclesia visibilis 가시적 교회(vs. invisibilis)
Ecclesiology 교회론
elenctics 이교도를 회심시키려는 선교학
Eschatology 종말론

excommunication 파문
existentialism 실존주의
ex nihilo 무(無)에서(Augustine의 창조론)
ex opere operantis by the work of the workers
ex opere operato by the work performed
Federal Theology 계약 신학
fides implicita 맹신
Filioque 아들로부터도(from and the son)
Form-criticism 양식 비평
Fundamentalism 근본주의
Gattung 문학 형식(구약학)
General Assembly 총회
Gnosis 영지, 신비 지식
Gnosticism 영지주의
gratia infusa 주입된 은혜
hapaxlegomena 성경에 한번만 나오는 말
Hamartiology 죄론
Hedonism 쾌락주의
Heilsgeschichte School 구속사학파(Cullmann)
Henotheism 일신교(일신론)
Hexameron 6일 창조 사역
Hexapla 6중경(Origen)
homoiousia 유사 본질
Homo-Orans 기도인
homoousia 동일 본질(Nicaea)
Imago Dei 하나님의 형상
incarnation 성육신
Infralapsarianism 후택설
interim ethics 중간 윤리(잠정 윤리)
ipsissima verba 예수의 입술로 하신 말씀
ipsissima vox Jesu 예수의 좋아하신 말씀(친히 하신 로기온)

iustitia originalis 원죄
Kenosis theory 그리스도의 낮아지심에 대한 이론
Koinonia 교제, 친교
Locus 신학의 연구 대상인 한 항목(pl. Loci)
logion 예수의 어록, 말씀
means of grace 은총의 수단
militia christiana 신자의 군무
Millennium 천년왕국
Minuscule 소문자 사본
Missio Dei 하나님의 선교
Modalism 양태론
Monarchianism 단일신론(군주론, 독재론)
Monophysitism 일성론(단성론, Eutyches)
Monotheism 유일신론
Monothelitism 일의설
Neo-Evagelicalism 신복음주의
Neo-Orthodoxy 신정통주의
New Haven Theology 뉴 잉글랜드 신학
Nominalism 유명론(Terminism)
Ordo salutis 구원의 차서
Pactum Salutis 속죄 언약
Pantheism 범신론
Parakletos 보혜사
Parousia 재림(cf. Marana-tha)
Patripassianism 성부 수난설
Peccatum actualis 행위죄
Peccatum originalis 원죄
Pericope 짧은 문장(신약학)
Persona 위격, 인격
Pneumatology 성령론
Pneumatomachian Macedonian(성령의 피조성)

Polytheism 다신론
Positivism 실증주의
Potestas 권세
Presbytery 노회
Prescription 취득 시효(Tertullian)
Prevenient grace 선행 은총(Wesley)
Prima causa 제일원인
Principium cognoscendi externum 지식의 외적 원리
Providentia generalis 일반 섭리(자연)
Providentia specialis 특별 섭리(인류)
Providentia specialissima 최고 특별 섭리(신자)
Psychopannychia 영혼의 수면(이에 대한 Calvin의 논문)
Purgatory 연옥
Rapture 휴거
Recapitulation 총괄 갱신(Irenaeus)
Redaction-Criticism 편집 비평
Redemptive history 구속사(Salvation history)
Reformed Theology 개혁(파) 신학
regnum christi 그리스도의 왕국
regula fidei 신앙의 척도
Religionsgeschichtliche Schule 종교사학파(Reitzenstein)
Remonstrance 항의서(Arminian Doctrine)
reprobation 유기(포기)
res 개체
Sacrament 성례
Salvation Today 오늘의 구원
Sanctification 성화
Satanology 사단론(마귀론)
Scholasticism 스콜라주의
Senmen religionis 종교의 씨앗
Semi-Pelagianism 반 펠라기우스주의

Sensus divinitatis   하나님 의식
Septem peccata mortalia   일곱 가지 치명적 죄
Septuagint   70인역(LXX)
Session   그리스도의 보좌 우편에 앉으심
Signum   표징(Sign)
Sitz-im-Leben   삶의 정황
Sola fide   오직 믿음
Sola gratia   오직 은혜
Sola Scriptura   오직 성경
Soli deo gloria   하나님께만 영광
soteriology   구원론
Speculatio vacuuo   공허한 사변
Successism   계승설(Trinity)
Supralapsarianism   전택설
Symbol, Credo, Creed   신조
Syncretism   혼합주의
Synergism   합력주의
Synod   대회
Synoptic Gospel   공관복음
terminus a quo   저작 시기의 상한선
terminus ad quem   저작 시기의 하한선
Testimonium internum Spiritus Sancti   성령의 내적 증언
Textus receptus   공인된 사본
Theism   유신론
Theistic Evolution   유신 진화론
Theology   신학, 신론
Theology proper   신론(cf. Theology in general)
Theophany   신현
Traducianism   유전설(영혼)
Transubstantiation   화체설
Trichotomy   3분설

Trinity 3위1체
Uncial 대문자 사본
Universalia 보편
Universalism 보편주의, 만인 구원론
Unmoved mover 부동의 동자(神)
Urevangelium theory 원 복음설
Vocatio 소명
Vocatio efficax 효과적 소명(유효 소명)
Vulgate 라틴어 성경(Jerome)
Yahwist 여호와문서(J문서)기자(구약학)

> 판 권
> 소 유

신학요해시리즈 4
챠트로 본 조직신학

1991. 3. 15. 초판 펴냄
2020. 3. 30. 13판 펴냄

지은이 박 해 경
펴낸이 김 영 무

발행처 : 도서출판 아가페문화사
07004 서울 동작구 사당3동 252-16
전화 3472-7252, 3 팩스 523-7254
등록 제3-133호(1987. 12. 11)

보급처 : 아가페문화사
07004 서울 동작구 사당3동 252-16
전화 3472-7252, 3 팩스 523-7254
온라인 우체국 011791-02-004204 (김영무)

정가 10,000 원

♣ 잘못 만들어진 책은 교환해 드립니다.
♣ 무단 표절 또는 복제를 금합니다.

ISBN 978-89-8424-022-3 03230